しずおか露天風呂極楽100

静岡県のおすすめ露天風呂

しずおか極楽露天風呂100

自然の風を感じながら、広い湯船に手足を伸ばす解放感。
露天風呂の魅力は、こんなところにあるのでしょう。
多くの温泉地がある静岡県は、露天風呂もたくさん。
でも「どうせ入るなら、"とっておきの"とか、"知る人ぞ知る"とか、なにか特色のある露天風呂に入りたい！」
そんな読者の皆さんのために、100カ所の情報を一冊にまとめました。SBSテレビで紹介した露天風呂の中から、案内役は、温泉取材でおなじみの牧野光子リポーター。
「今度のお休み、露天にでも入ってノンビリしたいね〜」
そんな時、この本をお供に湯めぐりを楽しんでみてください。

しずおか露天風呂 極楽 100

CONTENTS

+αを楽しむ温泉旅 —— 5

- 天城荘（河津町）…6
  ◇七滝茶屋 ◇河津バガテル公園
- 玉翠館（東伊豆町）…12
  ◇伊豆の味処 錦 ◇山桃茶屋
- つるや吉祥亭別館（東伊豆町）…18
  ◇足湯黒根岩 ◇北川温泉黒根岩風呂 ◇オーベルジュはせべ
- 油山苑（静岡市）…24
  ◇大村商店 ◇真富士の里
- ホテル九重（浜松市）…30
  ◇ガーベラの花摘みツアー ◇おしゃれ工房ルーベラ
- ホテルハーヴェスト浜名湖（浜松市）…36
  ◇ぬくもりの森
- 源泉と離れのお宿 月（伊東市）…42
  ◇アトリエロッキー万華鏡館 ◇れすとらん海ほおずき

ココにしかない魅力があった！ リポーターおすすめの個性派露天風呂 —— 45

- 秀花園 湯の花膳（熱海市）…46
- お宿うち山（伊東市）…48
- 花吹雪（伊東市）…50
- 赤沢日帰り温泉館（伊東市）…52
- ホテルカターラ福島屋（東伊豆町）…54
- つりばし荘（河津町）…56
- 野の花亭こむらさき（下田市）…58
- 金谷旅館（下田市）…60
- 小松ビューホテル（西伊豆町）…62
- 湯の花亭（伊豆市）…64
- 白壁荘（伊豆市）…66
- 湯本館（伊豆市）…68
- YUTORIAN修善寺ホテル（伊豆市）…70
- 駿河健康ランド（静岡市）…72
- 三保園ホテル（静岡市）…74
- すんぷ夢ひろば 天下泰平の湯（静岡市）…76
- 安倍之湯（静岡市）…78
- 焼津グランドホテル（焼津市）…80
- ゆらく（藤枝市）…82
- ふれあいの泉（川根町）…84
- 奥大井観光ホテル 翠紅苑（川根本町）…86
- 真砂館（掛川市）…88
- 森林乃湯（掛川市）…90
- 田貫湖ハーバルガーデン（富士宮市）…92
- 滝本館（掛川市）…93
- あたご島（浜松市）…94

まだまだある！静岡県のおすすめ露天風呂
しずおか湯めぐり67 ……95

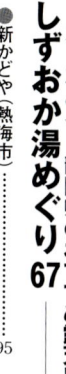

- 新かどや（熱海市）……95
- ホテルニューアカオ（熱海市）……96
- マリンスパあたみ（熱海市）……
- 岡本ホテル（熱海市）……96
- アメリカンハウス エンジェル・キッズ（伊東市）……
- ホテル暖香園（伊東市）……97
- 高原の湯（伊東市）……
- 伊豆一碧湖ホテル（伊東市）……98
- 高磯の湯（東伊豆町）……
- 稲取東海ホテル 湯苑（東伊豆町）……
- 菊水館（河津町）……99
- 踊り子温泉会館（河津町）……
- サンシップ今井浜（下田市）……100
- 下田セントラルホテル（下田市）……
- 下田ベイクロシオ（下田市）……
- 下田公園露天風呂 清流（西伊豆町）……
- 沢田公園露天風呂（西伊豆町）……101
- 海辺のかくれ湯 清流（西伊豆町）……
- 湯茶寮マルト（伊豆市）……
- 星のなぎさ（伊豆市）……
- 伊豆まつざき荘（松崎町）……102
- 豊崎ホテル（松崎町）……
- 御宿しんしま（松崎町）……
- 露天風呂 山の家（松崎町）……103
- 楽山やすだ（伊豆の国市）……
- 華の湯（伊豆の国市）……
- 湯屋光林（伊豆の国市）……104
- ホテルサンバレー伊豆長岡（伊豆の国市）……
- 駒の湯源泉荘（伊豆の国市）……
- ホテルワイナリーヒル（伊豆市）……105
- 天城温泉会館（伊豆市）……
- たつた（伊豆市）……
- 落合楼村上（伊豆市）……106
- 湯の国会館（伊豆市）……
- 湯の郷村（伊豆市）……
- 万葉の湯（沼津市）……

- 気楽坊（御殿場市）……107
- 御胎内温泉健康センター（御殿場市）……
- 大野路（裾野市）……
- 風の湯（富士宮市）……108
- ユー・トリオ（芝川町）……
- 飛図温泉（芝川町）……109
- 翠紅苑（芝川町）……
- やませみの湯（静岡市）……
- 三保シーサイドホテル 福田家（静岡市）……110
- 梅ヶ島金山温泉（静岡市）……
- 黄金の湯（静岡市）……111
- 静岡市口坂本温泉浴場（静岡市）……
- 笑福の湯（焼津市）……
- 蓬莱の湯（島田市）……112
- 接岨峡温泉森林露天風呂（川根本町）……
- 美女づくりの湯（川根本町）……
- 旅籠甚平（川根本町）……113
- もりのいずみ（川根本町）……
- さがら子生れ温泉会館（牧之原市）……
- 五季の庄（御前崎市）……114
- 大東温泉シートピア（掛川市）……
- ならここの湯（掛川市）……
- 遠州 和の湯（袋井市）……115
- 磐田の湯（磐田市）……
- 八扇乃湯（浜松市）……
- ダイダラボッチの湯（浜松市）……116
- かんざんじ 堀江の庄（浜松市）……
- 舘山寺レイクホテル花乃井（浜松市）……
- 時わすれ 開華亭（浜松市）……117
- 浜名湖グランドホテル さざなみ館（浜松市）……
- 浜名湖レークホテルプラザ（浜松市）……118
- ホテルリステル浜名湖（浜松市）……
- さくいん……

本書をご利用の方へ

《DATAの見方》

【泉質】【効能】【泉温】各施設に対するアンケートに基づいて掲載しています。効能は代表的なもの、泉温は源泉の温度を掲載しました。

【風呂】露天風呂、内湯（内風呂）、そのほかの風呂について、数と男女別を記載しています。日替わりで男女別が入れ替わる風呂や、男女共通の風呂は、男女別を省略している施設もあります。

【日帰り】日帰り入浴が可能か不可能かを掲載しました。

【利用時間】【利用料金】【定休日】日帰り入浴が可能な施設のみ、利用できる時間、料金、定休日を掲載しました。

【宿泊】宿泊料金です。基本的に1泊2食付き平日大人1名の料金です（消費税・サービス料・入湯税込）。

【IN・OUT】宿泊可能な施設のみ、チェックイン・アウト時間を掲載しました。

【客室数】宿泊可能な施設の客室数です。露天風呂付きの部屋がある施設のみ、カッコ内にその数を明記しました。

【map & access】地図中の★のマークが目的地です。アクセス方法は代表的なルートを紹介しています。

●本書は平成19年2月～3月の情報に基づいて編集したものです。記事の内容は施設の事情等により変更する場合がありますので、お出かけの際はあらかじめ問い合わせの上、お出かけください。
●本書は「露天風呂」を紹介する本です。厳密には湯が温泉ではない施設も含まれています。

あったか～い湯に浸かって、のんびり、ゆったり。
それだけでも十分、温泉に来た甲斐はありますが、
そこは欲張りな皆さんのために、
＋αのお楽しみ付きの温泉旅をご提案。
温泉プラス、何かがある。
「だけじゃない温泉」、教えます。

＋αを楽しむ温泉旅
プラスアルファ

＋αを楽しむ温泉旅 Onsentabi

渓谷美と滝つぼからのたっぷりマイナスイオン

河津町 大滝温泉 ＊ 天城荘

- 泉質…アルカリ性単純温泉
- 効能…神経痛、リウマチ、切り傷、皮膚病、神経麻痺、疲労回復など
- 泉温…46度

大滝温泉　天城荘
賀茂郡河津町梨本359
☎0558・35・7711
http://www.amagisou.jp
★map・アクセスはP11

DATA
- ■風呂／露天2(男女各1)／内湯2(男女各1)／貸切1／貸切露天2／薬草10(男女各5)／混浴(水着着用)15
- ■日帰り／可
- ■利用料金／小学生以上1000円、幼児500円
- ■利用時間／9:00〜17:00
- ■宿泊／14850円〜
- ■IN・OUT／14時・10時
- ■主な施設／食事処、屋外プール、宴会場、売店など
- ■客室数／44(露天風呂付き5)

高さ30mの大滝が目前に迫る「河原の湯」

迫力満点の大滝が目の前に！
野趣あふれる絶景の湯

取材で100カ所の露天風呂を制覇した私が、迫力と感動のあまり言葉を失ってしまったのがこの大滝露天風呂。伊豆の代表的な観光名所・河津七滝の中で、一番大きな滝の真正面に据えられた露天風呂です。天城ループ橋のほぼ真下に位置し、15万坪もの広い敷地に4つの源泉を持つこの宿の温泉は、とにかく湯量が豊富。それを生かして作った風呂の数は、なんと約30種類にも上ります。

そのどれもが変化に富み、奥行30mもある「秘湯穴風呂」や、洞窟の中にある「子宝の湯」、さらに「五右衛門風呂」や「温泉プール」などもあり、いろいろな湯めぐりが楽しめます。そして、中でも圧巻なのは、大滝が目前に迫る露天風呂です。

高さ約30mから流れ落ちてくる水の勢いが、ドドドーッと、耳に胸に響き渡り、ほとばしる水しぶきが降りかかってきそうです。滝つぼからあふれるマイナスイオンを全身で浴びて、こんな大迫力の名瀑を眺めながら風呂に入れるなんて…！番組内の「露天風呂の女王」が選ぶ最高の露天風呂」という企画では、ここの露天風呂を選ばせていただきました。また、ここの露天はすべて水着着用なので、家族やカップルが離れ離れにならず一緒に湯に浸かれるのがうれしいですね。ちなみに一般の観光客が滝を見るための展望台が近くにあり、遠目ですが、そこから露天風呂の様子が見えるので、お忍びの方は要注意!?　かもしれません。天城荘に宿泊した場合は、チェックイン前、アウト後にも温泉が利用できるので、宿泊する際はぜひ全ての風呂制覇に挑戦してみてはいかがでしょう。
宿の料理は、伊豆の味を知り尽くした料理長が作る季節感あふれるもの。特別料理として「伊勢海老の鬼殻焼き」や「アワビの踊り焼き」、「サザエの壺焼き」など伊豆ならではの海の幸が味わえます。日帰り客向けには、温泉と昼食（定食、会席、松花堂弁当のいずれか）がセットになった食事付き入浴プラン（1575円〜5250円）がおすすめです。

河津町・大滝温泉　天城荘

天城荘では、マジックテープで簡単に着られる「伊豆の踊子」の衣装（着脱5分）を無料で貸してくれます！旅の思い出にあなたも踊り子に変身してみませんか？　知っ得！MEMO

1 露天風呂は源泉かけ流し。日帰り利用の場合、食事付きプランでは28カ所、温泉のみのプランでは14カ所に入浴できる　**2** 観光客も来る展望台からの眺め　**3・4** かわいい石像が見守る子宝の湯。昼間でも暗く秘湯の雰囲気たっぷり　**5** 家族連れにも人気の露天めぐり。子供たちには25mの温泉プールが人気　**6** 女性専用露天風呂　**7** 30mもの奥行きがある洞窟風呂。1人で入るのは少し勇気が必要かも!?　**8** かに滝、出合滝など七滝の名前が付いた五右衛門風呂　**9** 浴衣姿で「湯めぐり歩道」をそぞろ歩き。水辺と森林からマイナスイオンをたっぷり浴びよう。6月には美しいホタルの乱舞が楽しめる

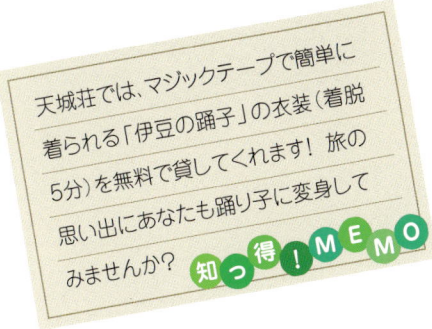

Yorimichi-Guide
寄り道するならココ！
天城荘編

シャリシャリいちごがたまりません！

イチゴたっぷり！ ひんやりスイーツはいかが？

1 自家栽培のイチゴを中心に1年中イチゴのスイーツが楽しめる。1月〜GWまでは生のイチゴを使ったパフェなども登場する **2** 店内ではワサビを使った加工品など伊豆みやげも販売

七滝茶屋
☎ 0558・36・8070

滝めぐりや温泉の後に気軽に立ち寄れる茶屋がここ。温泉でほてった体をクールダウンしたい時に一番おすすめなのは、イチゴを使った冷たいデザート。完熟イチゴを瞬間冷凍させた後、食べやすい大きさに砕き、アイスクリームや生クリームと一緒に盛り付けた「クラッシュドストロベリー」630円や「いちご牛乳」525円、ほかに「いちご生ジュース」525円はビタミンCたっぷり、「生わさび付きとろろめし定食」1365円、「名物とろろそば」945円なども食べられます。

住 賀茂郡河津町梨本363-4
営 9:00〜17:00(LO16:30)
休 不定休　**P** 30台
¥「猪鍋定食」1785円、「猪鍋」3675円、「味噌おでん」525円

Yorimichi from Amagisou

1 日本では珍しい品種や公園花「伊豆の踊子」など1100種6000本が次々と開花 2 香水や石けん、バラグッズなどお土産も充実 3 レストランはカジュアルな食事からフルコースまで選択肢もいろいろ 4 18世紀フランスの佇まいを楽しめる園内

河津バガテル公園

バラの香りに包まれて優雅にフランスの田舎料理を

フランスのパリ・バガテル公園の姉妹園として誕生。現地のバラ園を忠実に再現した美しいローズガーデンでは、5月〜12月にかけて美しいバラが出迎えてくれます。マリー・アントワネットが作ったアモー(田舎小屋)を模した「レストランバガテル」では伊豆の海の幸、山の幸を使ったフランス料理を。ほかにワインカーブ、クラフトショップ、パフューム工房、カフェなどもあり、バラコーヒーやバラのソフトクリームも味わえます。河津町の日帰り温泉施設とセットになったお得な入園券もあります。

map & access

【天城荘】●車／東名沼津ICから国道136号、414号経由で約90分 ●電車／伊豆急行河津駅からタクシーで約15分(駅から無料送迎有り)
【七滝茶屋】●電車／伊豆急行河津駅から修善寺行きバスで約25分。河津七滝下車、徒歩3分
【河津バガテル公園】●電車／伊豆急行河津駅からワンコインシャトルバスで約7分

河津バガテル公園
☎0558・34・2200

住 賀茂郡河津町峰1073
営【4/28〜11/30】9:30〜16:30(17:00閉門)レストラン11:30〜16:00(LO)
【12/1〜4/27】9:30〜16:00(16:30閉門)レストラン11:00〜15:00(LO)
休 年中無休 P220台
¥ 大人1000円、小中学生300円(12月〜4月下旬は大人500円)

+αを楽しむ温泉旅

良質なかけ流しの湯と名物「砂風呂」でデトックス

東伊豆町　熱川温泉 ＊ 玉翠館

- 泉質…硫酸塩泉
- 効能…神経痛、婦人病、内臓性疾患、腰痛など
- 泉温…97〜99度

癒やしの湯宿　玉翠館
賀茂郡東伊豆町奈良本971-1
☎0557・23・2170
http://www.gyokusuikan.co.jp
★map・アクセスはP17

DATA
- ■風呂／露天1(貸切可能)、内湯4(男女各2)、砂風呂1、おがくず風呂1、ゲルマニウム風呂1
- ■日帰り／不可
- ■宿泊／14850円〜
- ■IN・OUT／15時・10時
- ■主な施設／舞台付き宴会場、卓球台付き娯楽室、喫茶コーナー、売店など
- ■客室数／12(露天風呂付き6)

トロピカルな野天風呂と健康にいい「変わり風呂」で生き返る

時間帯で男女入替になり、予約をすれば貸切にもできる南国野天風呂

　熱川の象徴である温泉櫓を見上げ、もうもうと立ち上る湯けむりを抜けていくと、創業大正3年の老舗旅館、玉翠館があります。浜田源泉と二本松源泉という2本の自家源泉から湯を引く風呂は8つ。明るい光が差し込む露天風呂「南国野天風呂」は、岩風呂の周囲を青々とした植物が茂っています。木は、よく和風旅館で見かける植木ではなく、ヤシの木やゴムの木など南国情緒を醸し出す木々。簾のように上から垂れているのはゴムの木の根っこで、これほど長く伸びているのは珍しいそうです。
　ほかにもユズなどが浮かぶ「薬湯」、「備長炭の湯」など体に良さそうな風呂がいろいろと楽しめますが、源泉に浸かる前に、まずおすすめしたい

　いのが、名物・砂風呂です。専用の浴衣に着替え、砂の上に寝転がると、背中に温かさがじんわり伝わってきます。それもそのはず、実はこの砂布団の下には、90度近くある源泉が流れているのです。さらにスコップで体の上にも砂を掛けてもらうのですが、その砂からも湯気が！　温泉の蒸気を吸収しやすい目の粗い川砂を、山梨県から運んできたそうです。砂に体全体を包まれると、かなり重量感があってズッシリ。でもそれがまた気持ちいいのです。これはそうだ！　昔の重い布団にくるまれた安心感に似ている…!?　なんてことを考えているうちに、徐々に暑くなって汗が出てきます。砂風呂の温度は65度。体に溜まった疲れや悪いものが、どんどん出ていくような感じです。15分程経ち、「せーの！」で起き上がった時の解放感…たまりません。

　日頃の疲れを汗と一緒にシャワーで流せば気分もスッキリ！　あとは、かけ流しの風呂へと直行し、さらに美肌に磨きをかけましょう。名物風呂にはほかに、発酵熱で発汗と体の代謝を促した「桧おがくず風呂」や新設した「ゲルマニウム風呂」もあり、こちらも人気を集めています。

東伊豆町・熱川温泉　玉翠館

湯上り処にはどくだみ茶、柿の葉茶、おおばこ茶、びわ茶など10種類ほどの薬草茶が置かれています。自分の症状に合ったお茶を飲んで、体の内側からキレイになれます。知っ得！MEMO

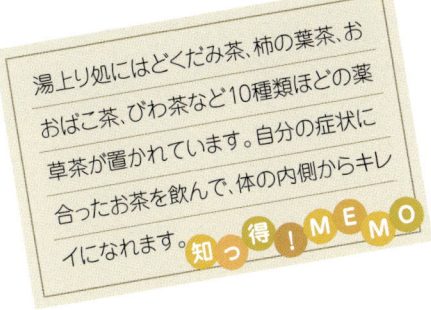

1・2 美肌効果に期待がふくらむ「砂風呂」は1回924円（予約制）。砂は山梨から運んできた川砂を使用　**3** 桧の露天風呂「備長炭の湯」　**4** 玉翠館1号浜田源泉　**5** トロピカルな雰囲気の「南国野天風呂」　**6** 玉翠館オリジナルの「源泉噴湯海の幸盛り＆サザエの溶岩焼き」。目の前で炎が導火線を伝わり、サザエを包みこむ演出が見もの　**7・8**「桧おがくず風呂」は1日先着12人まで。1回1386円（予約制）　**9** 季節によって変わる「薬湯」。冬場はユズ湯が登場する　**10** 女性客は好きな色の浴衣や帯を選べる　**11・12**「お客様には童心に戻ってゆったりと寛いでほしい」と館内には、ちりめん細工のかわいらしい人形や、つるし雛がさり気なく飾られている

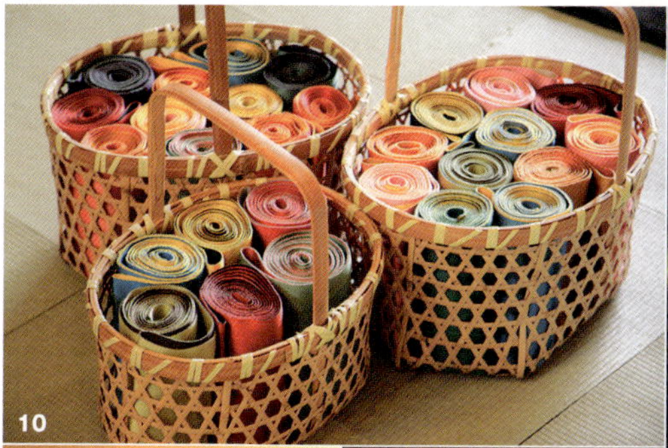

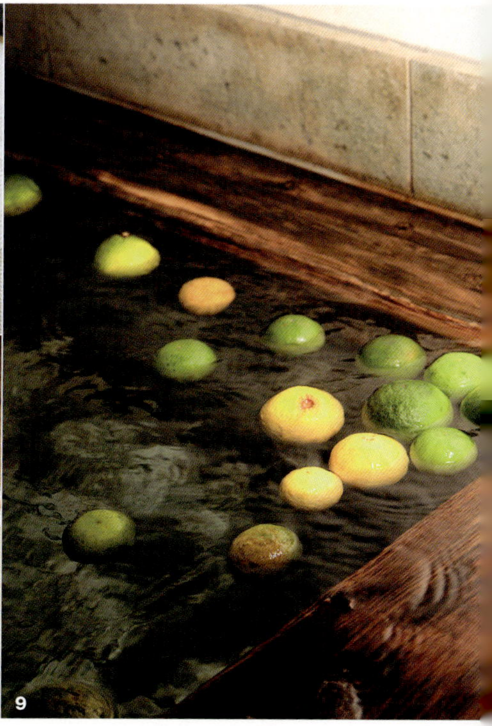

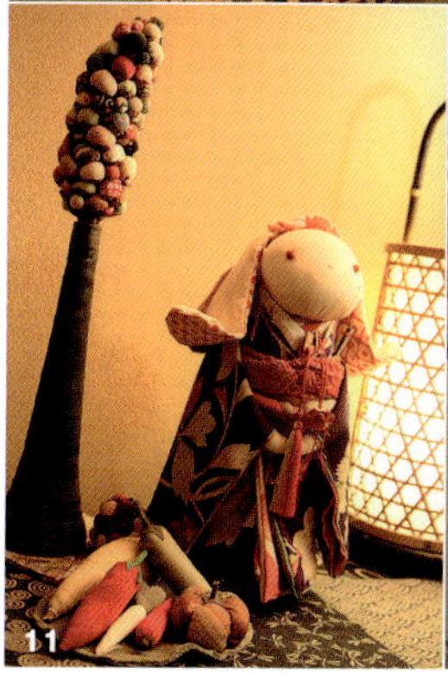

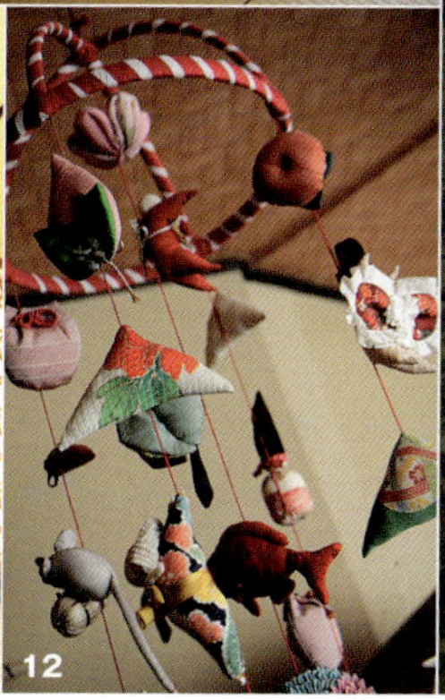

寄り道するならココ！
Yorimichi-Guide
玉翠館編

ひと切れの大きさにビックリ!!!

旬の魚を味わい尽くす。鮮度とボリューム自慢の店

伊豆の味処 錦

「海の幸丼」は、鮮度抜群の魚介が豪快に盛られた逸品。なんと13種類もの魚介がご飯が見えなくなるほどのっています！ 旬の地魚を使い、季節ごとにネタが変わるので、リピーターも多いそうです。ホタテ、エビ、ウニ、イクラのほか刺身はどれも肉厚。磯の香り漂う味噌汁と漬物が付いてご飯はおかわり自由です。その気前の良さも、開店前から行列ができる人気の秘訣のようです。アジたたきが真ん中に高く盛られた「鯵のたたき丼(鯵たたきてんこ盛り)」1575円もおすすめです。

1「海の幸丼」は味噌汁と漬物付きで2940円。ネタの大きさにビックリ！ どれから食べようか迷ってしまう。女性には「磯納豆丼」2100円も人気 2店内にはカウンター席のほか、小上がりと座敷もある

伊豆の味処 錦
☎0557・23・3279

- 住 賀茂郡東伊豆町奈良本971-35
- 営 11:30〜14:30、17:30〜20:30(LO)
- 休 木曜 P 12台
- Y 「生ちらし丼」1575円、「魚と貝のユッケ」1575円、「お魚ギョウザ(6個入)」735円ほか
- HP http://www.izu-nishiki.com

Yorimichi from Gyokusuikan

1 色とりどりの「山桃定食(梅)」は2625円。庭を眺めながらゆったりと食べられる **2** 母屋の隣にあるなまこ壁造りの蔵は1日限定3組だけ宿泊可能 **3**「へらへら餅」420円。熱湯にヘラで削って落とした餅の形がヘラヘラしていることが名前の由来

築250年の日本家屋で伊豆に伝わる郷土料理を

山桃茶屋

今から約1300年前、政権争いなどで落人になった元貴族たちが、かつての華やかな奈良を偲び「奈良本」と名付けた地に静かに佇む店。ここではソバや天ぷら、小鉢などが並ぶ「山桃定食」や、自然薯と小麦粉、卵で練った餅をゴマ味噌だれで食べる郷土料理「へらへら餅」を。伊豆ならではのなまこ壁が素敵な敷地内の蔵と離れは「作右衛門宿」として泊まることができ、野趣あふれる露天風呂が24時間楽しめます。

map & access

【玉翠館】●車／東名沼津ICから国道136号、135号経由で約75分 ●電車／伊豆急行伊豆熱川駅から徒歩約3分
【伊豆の味処 錦】●車／東名沼津ICから国道136号、135号経由で約75分 ●電車／伊豆急行伊豆熱川駅から徒歩約2分
【山桃茶屋】●車／東名沼津ICから国道136号経由で約90分 ●電車／伊豆急行伊豆熱川駅からタクシーで約5分(事前に要連絡で送迎有り)

山桃茶屋
☎0557・23・0115
🏠 賀茂郡東伊豆町奈良本119
営 11:30〜19:00(LO)夜は要予約
休 木曜(年末年始・8月は営業)
P 30台
¥「しし鍋」(2人前から)5250円、「山桃定食」(竹)3675円

＋αを楽しむ温泉旅

海の恵みを全身で感じる至福のタラソテラピートリートメント

東伊豆町　北川温泉

つるや吉祥亭別館

泉質…ナトリウム・カルシウム・塩化物温泉
効能…神経痛、筋肉痛、リウマチ、胃腸病、冷え症など
泉温…70.4度

北川温泉　つるや吉祥亭
賀茂郡東伊豆町北川温泉
☎0557・23・1212（代）
http://www.tsuruya-kisshotei.com
★MAP・アクセスはP23

DATA

■風呂／【別館】露天男2・女3（入替制）、内湯男女各1【本館】露天男女各1、内湯男女各1、貸切ジャグジー・岩風呂各2、足湯1（別館宿泊客は本館の温泉も利用可）　■日帰り／可（本館昼食セットプランのみ）　■利用料金／3465円〜（前日までに要予約）　■利用時間／12:00〜15:00　■宿泊／24300円〜　■IN・OUT／14時・10時30分　■主な施設／食事処2、スパトリートメント1、売店ほか　■客室数／30

温泉効果と海のチカラで身体の内側からトリートメント

その昔、素潜りをしていた漁師が、海草の付かない岩を不思議に思ったことがきっかけで源泉を見つけたという北川温泉。磯の香りが漂うこの海辺の町に、本館と別館を構えるこの宿には、良質な湯を楽しめる湯処がいくつもありますが、私のお気に入りは「碧海」という露天風呂です。名前の通り、紺碧の海が一望でき、晴れた日には、青い海と空、温泉が見事に溶け合います。視線の先にある水平線はどこまでも続いて、自分もこの青さの中に溶け込んでしまいそうです。

そんな温泉の魅力に加え、ここに来たらぜひ体験してほしいのが、「スパトリートメント海〜kai〜」で受けられるタラソテラピー（海洋療法）です。

水平線を見渡す露天風呂「碧海」。湯は少し塩分を含み、体が芯から温まる

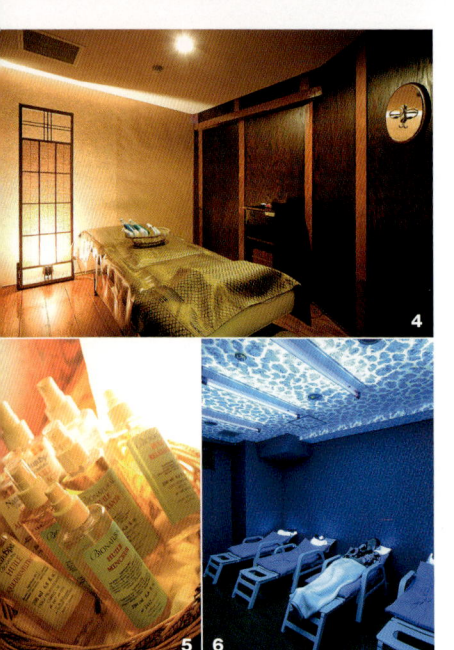

伊豆で初めてエアロゾールルームを取り入れた本格的なスパでは、温泉効果も手伝って、極上のリラックスを体感できます。海藻のミネラルで肌をしっとりと保湿するタラテルムルームでは、まず温かい海草パックを全身に塗ります。海草パック特有の、ぬるっとした感触がとても気持ちよく、いつしかウトウト…。自分までとろけそうです。塗った後はシートに包まれて15分。シャワーで流せばつるつるの弾力肌の出来上がりです。こんなに充実したトリートメントを旅館でどのメニューも充実し、設備も整っています。温泉との相乗効果を狙うなら、ぜひトリートメントの後でもう一度、温泉に浸かってみることをおすすめします。ここは、特に仕事を持った女性が自分へのご褒美として訪れることが多いそうです。最近、「椿姫」というコースも新登場。伊豆大島産の椿油と天然塩を使ったソルトピーリングや緑茶パックなど、日本女性の美を引き出すトリートメントが体験できます。

受けられるなんて…と感激するほ

「碧海」の岩風呂。檜風呂とはまた違った風情がある　2 トリートメント「海〜kai〜」で全身にタラソパック。発汗を促し溜まった毒素を排出してくれる

20

東伊豆町・北川温泉　つるや吉祥亭別館

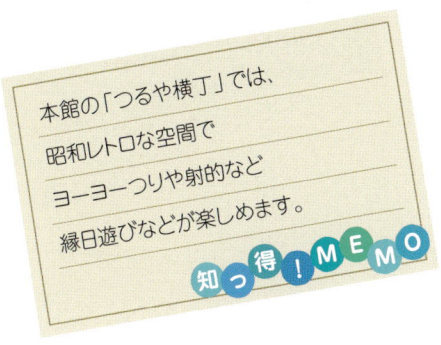

本館の「つるや横丁」では、昭和レトロな空間でヨーヨーつりや射的など縁日遊びなどが楽しめます。

知っ得！MEMO

3アロマの香りで寛ぎの時間を。客室には南大室窯製アロマポットとオイルが　**4・5**心地よい音楽が流れるkaiの個室。トリートメントコスメは購入可能　**6**伊豆初のエアロゾールルームはまるで深海のよう。室内には細かいミスト状になった海洋深層水が充満し、海中を漂っているような雰囲気　**7**「碧海」の内風呂　**8**複数のシャワーから水圧の違う海水が出るアフュージョンルーム。徐々に血行が良くなり、コリをほぐす効果がある　**9**和月露天風呂　**10**レストラン「フォーシーズン」では金目鯛や明日葉など伊豆の美味を箸でいただくフレンチ懐石を　**11**全室オーシャンビューの客室　**12**湯上がりサロンでは静岡茶や生ビール、トコロテンのサービスも

Yorimichi-Guide

寄り道するなら ココ！
つるや吉祥亭別館編

ぽかぽかして気持ちいい〜！

1 足湯「黒根岩」。この湯も北川温泉源泉から引いている天然温泉 **2・3** 公営の湯黒根岩風呂は基本的に混浴。水着は不可だがバスタオルを巻いての入浴は可

足湯「黒根岩」と北川温泉黒根岩風呂

素足美人になれる足湯と海と一体になれる野天風呂

手軽に温泉を楽しめることから、いまや伊豆のあちこちに増えている足湯ですが、ここ「つるや吉祥亭」の本館脇にも北川温泉初の足湯、しかも海を見渡す絶景足湯ができました。雄大な海を眺めつつ、源泉かけ流しの足湯に浸かれば、足も心もぽかぽか。足から血行が良くなって素足美人になれること間違いなしです！また北川といえば海抜0メートルの波打ち際にあり、よそでは体験できない海との一体感が味わえる公営の湯、黒根岩風呂です。3つある岩風呂はほんのり塩味がする天然温泉の混浴。入浴料は大人600円ですが、北川温泉の宿泊客は無料で入ることができます。

足湯「黒根岩」
☎0557-23-1212
（つるや吉祥亭）
住 賀茂郡東伊豆町北川
営 6:30〜23:00　休 年中無休
¥ 無料（宿泊客のみ利用可能）

北川温泉黒根岩風呂
☎0557-23-3997
（北川温泉観光協会）
住 賀茂郡東伊豆町北川
営 6:30〜9:30、16:00〜23:00
（金・土・日・祝は13:00〜）、
19:00〜21:00は女性専用
休 年中無休（荒天の場合休業）
P 12台
¥ 大人600円、小人300円（北川温泉宿泊客は無料）

Yorimichi from Tsuruya-kissyoutei-bekkan

1 朝食の和食膳2100円 **2** ランチコースからの一例。手前からメインディッシュ「宮崎牛の赤ワイン煮込み」、前菜「地魚の薄造りサラダ仕立て 花柚子のヴィネグレット」など。野菜によって水分の飛ばし方にもこだわった野菜料理は野菜本来の旨みが味わえる **3** 東京時代から使っているという味わいのある看板が目印

別荘地の隠れ家レストランで充実の和食膳モーニング

オーベルジュはせべ

閑静な伊豆熱川の別荘地内にあり、フランス料理が自慢のオーベルジュ。宿泊客以外でも予約をすればランチやディナーを楽しむことができます。そしてこの店のもう1つの人気は「和食膳モーニング」。干物、季節の小鉢、煮物、卵焼き、塩辛、漬物など約10種類のおかずがついた豪華な朝食です。自家栽培のハーブや地元の朝市で購入した地元野菜のおいしさにも定評がある店で、優雅な朝はいかがですか？

map & access

【つるや吉祥亭別館】●車／東名沼津ICから国道136号経由で約100分 ●電車／伊豆急行伊豆熱川駅から送迎バスで約10分
【足湯黒根岩】・【黒根岩風呂】●つるや吉祥亭から徒歩1分
【オーベルジュはせべ】●車／東名沼津ICから国道136号経由で約110分 ●電車／伊豆急行伊豆熱川駅からタクシーで約5分

オーベルジュはせべ ☎0557・23・5025
🏠賀茂郡東伊豆町奈良本1434
⏰モーニング8:00〜、ランチ11:30〜14:00、ディナー18:00〜（完全予約制）
休不定休 P15台
¥ランチ3150円、4200円。ディナー3675円、5250円、10500円

＋αを楽しむ温泉旅 Onsentabi

山里の小さな湯宿で、滋味あふれる鍋を囲む

静岡市　油山温泉

＊**油山苑**

泉質…低張性・アルカリ性冷鉱泉
効能…筋肉痛、神経痛、疲労回復など
泉温…18度

気の合う仲間と和気あいあい
天然モノの絶品やわらか猪鍋を

静岡市街から車で約30分。油山温泉は、その地の利の良さと豊かな自然を好んで、その昔、今川氏親の正室・寿桂尼が遊山保養したことから「静岡の奥座敷」とも呼ばれています。その地に静かに佇む油山苑は、田舎の実家に帰ってきたような懐かしさと温もりを感じる素朴な囲まれて、市街地よりも空気が澄んでいるおかげで、夜には露天風呂から素晴らしい星空を満喫できます。
そして、ここでの私の一押しは、創業時から変わらない猪鍋です。猪鍋というと冬のイメージがありますが、なんとここでは一年中、しかも天然モノの猪が味わえます。丹波地方の猟師と契約を結んでいるためですが、気の岩風呂も。湯はアルカリ性なので、なめらかな肌触りです。周囲を山に風呂があります。
露天風呂はそれほど大きくはないのですが、造りは落ち着いた雰囲気い渡り廊下を抜けると、内湯と露天宿。秋には紅葉、春には新緑が美し

油山温泉　油山苑
静岡市葵区油山2215
☎054・294・0157
http://www6.ocn.ne.jp/~yuyamaen/
★map・アクセスはP29

DATA
■**風呂**／露天2(男女各1)、内湯2(男女各1)
■**日帰り**／可(食事とセットの「日帰りプラン」利用の場合のみ)
■**利用料金**／5250円〜(食事内容によって異なる)
■**利用時間**／11:00〜15:00または16:00〜20:00
■**宿泊**／12600円〜
■**IN・OUT**／15時・10時
■**主な施設**／宴会場、売店など
■**客室数**／10

季節の野菜と一緒に、天然モノの柔らかい肉を味わい尽くす猪鍋

肉だけでなく味付けにもこだわっていて、つゆには京都の赤味噌を使用。このつゆのおいしさが絶品！なのでコクと旨みが抜群で、全部飲んでしまいたくなるほどです。肉は猪肉特有の臭みや硬さがなく、コラーゲンがたっぷり。素材へのこだわりと調理法一つで、こんなにおいしい猪鍋になるんだと感心しました。猪肉はスタミナ食材なので、夏場でもわざわざ食べに来る人がいるそうです。

さて、その鍋の中身ですが、実は猪の代わりに話題のブランド鶏「駿河若シャモ」の鍋を頼むこともできます（要予約）。気さくで明るい二人の名物女将が切り盛りする山間の宿。二人の笑顔からも元気をもらえる、居心地のいい場所です。

「日帰りプラン」も用意されているので、気の合う仲間とおいしい鍋を囲み、温泉でのんびりするにはもってこいの場所です。

そんな食事と風呂がセットになった

1 露天風呂に続く渡り廊下では、四季折々の美しい木々を眺められる　2 明るく温かいおもてなしをしてくれる二人の女将。若女将はHPで油山苑の日々を綴ったブログも公開中　3・4 部屋でくつろぎながら味わう料理は格別。猪鍋以外に会席料理なども食べられる

26

静岡市・油山温泉　油山苑

食事と入浴がセットになった日帰りプランは会席コースが一人前5250円〜。猪鍋コース（猪鍋＋会席料理）は6300円です。1部屋2100円で個室を借りることもできます。

知っ得！MEMO

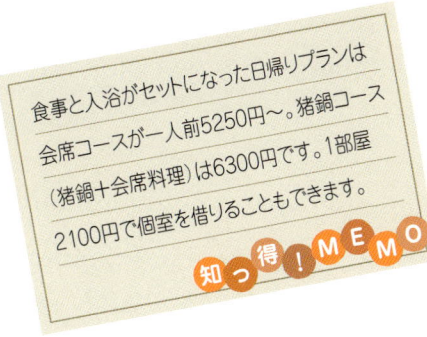

5・7 岩造りで落ち着ける露天風呂。夜には行灯に明かりが灯り、昼間とはまた違った風情を楽しめる　6・8 外の露天風呂に面した内風呂。湯はアルカリ性なので肌触りがとてもなめらか。湯上がり後も肌がしっとりとする　9 油山川沿いに静かに佇む油山苑。周辺は秋になると紅葉で真っ赤に色付く

Yorimichi-Guide

寄り道するならココ！
油山苑 編

昔ながらの手作りの味です

1 揚げものは大きさや具材によってバリエーションがいろいろなので選ぶのも楽しい　2 豆腐が出来上がる時間を見計らって次々とお客さんがやってくる　3 出来たての油揚げを店内の小さな囲炉裏で軽く炙って食べる。「生姜醤油で食べるとおいしいでしょ」と話す店主・大村利則さんと奥様の良子さん　4 人気の「おからケーキ」はさっぱりとした甘さ

平野の豆腐屋 大村商店

「平野の豆腐屋」の看板が目印
ヘルシーなおからケーキが人気

今のご主人で3代目という明治創業の老舗の豆腐屋さん。昔ながらの製法にこだわり、鋳物の釜で手間暇かけて作られる豆腐は、やわらか豆腐、がんも、厚揚げなど種類もいろいろ。どれも大豆の味がしっかりと生きています。奥さんのアイデアから生まれたヘルシーな「おからケーキ」は「これが本当におからで出来ているの？」と信じられないくらいにしっとり。甘さもカロリーも抑え目に隠れた人気商品です。隣接する喫茶「はっぴーたいむ」でケーキセット（紅茶またはコーヒー付き）にして食べることもできます。

平野の豆腐屋 大村商店
☎054・293・2012
住 静岡市葵区平野69
営 9:00～19:00
休 月曜（祝日の場合は翌日）
P 5台
¥ 「豆腐」240円、「油揚げ」350円(5枚)、「おからケーキ」350円、「がんも」120円から

Yorimichi from Yuyamaen

1 安心して食べられる手作り品はお土産にもぴったり。気さくなお母さんたちと気軽におしゃべりしながら、おすすめ品を教えてもらおう 2「元祖わさびソフトクリーム」315円もここの名物の一つ。すりおろした生わさびだけを使ったぜいたくなソフト。ツーンとするが、辛味はマイルドで意外と食べやすい

真富士の里

元祖わさびソフトや手作りそばでひと休み

元気な地元のお母さんたちが切り盛りする地場産品を扱う直売所兼食事処。駐車場も広く、ドライバーやハイカーなどでいつも賑わっています。地元の素材で手作りされたワサビ漬けや金山時味噌、梅干し、こんにゃくなどはどれも素朴な味わい。山菜そばやおでん(冬期のみ)なども食べられます。名物の平野まんじゅうは、ヨモギの香りと柔らかい皮が後を引くおいしさ。昼頃に売り切れてしまう事もある人気商品です。

新鮮な野菜や花もお買い得価格で店頭に並んでいます。

map & access

【油山苑】●車/東名静岡ICから国道1号、県道27号経由で約45分 ●電車/JR静岡駅から静鉄バス安倍線で約35分、油山下車(要連絡でバス停から送迎有り)
【大村商店】●車/東名静岡ICから国道1号、県道27号経由で約50分 ●電車/JR静岡駅から静鉄バス安倍線で約60分
【真富士の里】●車/東名静岡ICから国道1号、安倍街道経由、梅ヶ島方面へ約50分 ●電車/JR静岡駅から静鉄バス安倍線で約60分

真富士の里
☎054・293・2255

住 静岡市葵区平野1097-38
営 8:00~17:00(冬季は8:30~16:30)
休 年末年始、新茶時期(5月中旬)の2週間 P 50台
¥ 平野まんじゅう315円(3個入り)、山菜とろろそば735円、手打ちそば定食1050円

＋αを楽しむ温泉旅 Onsentabi

遠州灘天然とらふぐ料理とビューティースパ

浜松市　舘山寺温泉
＊ホテル九重

■泉質…ナトリウム・カルシウム・塩化物温泉
■効能…神経痛、筋肉痛、五十肩、関節痛、冷え症、慢性婦人病など
■泉温…41.6度

生まれ変わった老舗で優雅な休日
ゴージャスな風呂とスパでリフレッシュ

浜名湖かんざんじ温泉　ホテル九重
浜松市西区舘山寺町1891
☎053・487・1112
http://kokonoe.entetsu.co.jp
★map・アクセスはP35

舘山寺温泉を代表するホテルが2006年にリニューアルし、さらに魅力的に生まれ変わりました。まずロビーに入ると、琴の生演奏がお出迎え。館内は雅な雰囲気が漂う高級感のあるしつらえで、解放感のある大きな窓からは、浜名湖と大草山が一望でき、まるで一枚の絵のような美しさです。リニューアルで最も力を入れたという風呂は、クラシカルなステンドグラスやアーチ型の窓枠がハイカラな「大正浪漫の湯」、安藤

DATA
■風呂／大浴場2（男女各1）、貸切庭園露天風呂2、個室貸切風呂4、足湯1
■日帰り／不可
■宿泊／27450円～
■IN・OUT／14時・11時
■主な施設／ロビーラウンジ、カラオケルーム、ゲームコーナー、バー、居酒屋、スパサロン
■客室数／86（露天風呂付き2）

緑を満喫でき、ゆったりとした造りの「貸切庭園露天風呂」

広重の浮世絵が彩る「遠州絵巻の湯」などの、ゴージャスな雰囲気。さらにしっとりした風情の「貸切庭園露天風呂」もあります。ユニークなものでは源泉かけ流しの舟形の露天風呂があり、そこにはなんと茶褐色の湯がなみなみと注がれています。この茶色は、ろ過しないでかけ流しにしているために、温泉に含まれている鉄分の色が出ているからだそうです。

地下1850mから湧き出るこの天然療養泉は、温泉の成分が体にしみ込みやすく、保温・保湿効果が高いのが特徴。疲れた体にじんわりきいて、効き目がありそうです。

そして、女性にぜひ体験してほしいのは、「ラグーンビューティースパ&カフェ湖畔（ほとり）」のエステです。楽園をイメージして作られたトロピカルな雰囲気のなか、山野オリジナルエステのほか、身体に流れるエネルギーラインに沿って刺激を与え、体調を

整えるタイ古式マッサージや岩盤浴が体験できます。最後の締めに、併設のカフェでハーブティーを飲めば、体の内側からきれいになれることちがいなしです。

浜名湖の味覚も多彩に楽しめ、冬は遠州灘天然とらふぐを存分に味わう「ふぐ料理プラン」、夏は「ハモ料理プラン」を打ち出すなど、季節に合わせたさまざまなプランが人気を集めています。

1 舟形露天風呂「たきや舟」。浜名湖独特の伝統漁法・たきや漁で使う和舟スタイルの湯船 **2・8** 美しい湖を一望でき、舘山寺温泉の由来もわかる浮見堂 **3・6** 日本3大美林の1つである天竜杉を使った「杉湯」や「たきや船」、「いなさ鍾乳石の湯」などが楽しめ、浮世絵と遠州名物がコラボレートした「遠州絵巻の湯」 **4** 日本初の天然鉱石を使った風呂など8つの内湯と露天風呂、サウナを楽しめる「大正浪漫の湯」 **5**「貸切庭園露天風呂」 **7** 癒しと若返りのエステでは、温泉効果を発揮する岩盤浴もおすすめ

浜松市・舘山寺温泉　ホテル九重

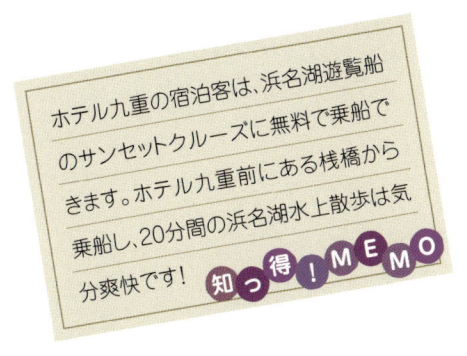

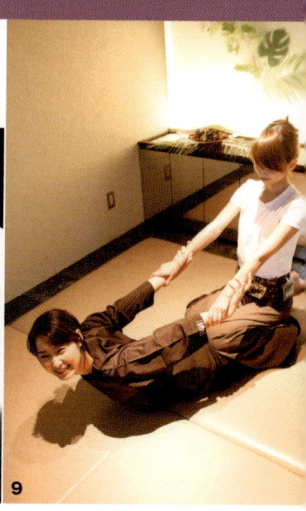

知っ得！MEMO
ホテル九重の宿泊客は、浜名湖遊覧船のサンセットクルーズに無料で乗船できます。ホテル九重前にある桟橋から乗船し、20分間の浜名湖水上散歩は気分爽快です！

9 念入りに足マッサージを行ってから全身ストレッチ。溜まった疲れや体の緊張を解きほぐすタイ古式マッサージ　10 カフェではハーブティーを飲んでリラックス　11 浜名湖の旬の魚を、生け簀から選んで調理してもらえるいけす割烹「汽水亭」　12・14 遠州灘天然とらふぐの料理。地元の漁港へ水槽付きトラックを走らせ、ふぐを直接買い付けるため鮮度はバツグン　13 敷地内に新設した天然温泉かけ流しの九重専用の足湯「まどろみの湯」。その他にも舘山寺温泉に来た人は誰でも利用できる公共の足湯「水神の松」もある

Yorimichi-Guide 寄り道するならココ！ ホテル九重編

ガーベラの花摘みツアー

日照時間が長く、年間を通じて気候が温暖な舘山寺周辺は、全国有数の花の生産地。特にガーベラは、日本一の生産量を誇ります。温泉街から車で約10分、小高い丘に作られた生産農家のハウスの中には、一年中カラフルなガーベラが咲き乱れています。ツアーでは、普段なかなか聞くことのできない生産者の方の説明を聞き、その後は自由に花摘みタイム。約8種類くらいの中から好きな花を選んで自分の手で摘み取ります。花びらを守る簡単な包装もしてくれるため、安心して持ち帰ることができます。

「どれにしようかな〜？」童心にかえって思わず夢中に

1 「どれにしようかな〜」と思わず迷ってしまう。農家の人の話では、摘み始めると、意外と男性も夢中になってしまう人が多いそう 2 可憐なガーベラの花。ピンクやオレンジ、赤、黄色などカラーバリエーションが豊富で、花の形にも様々な個性がある

鮮やかでキレイな色！お土産にもGood

ガーベラの花摘みツアー
☎053・487・1112
（ホテル九重予約センター）
🏠浜松市北区三ケ日町363-4
🕐通年8:30〜16:00
🚫年末年始、お盆、GW
🅿10台
¥3歳以上1人500円（舘山寺温泉宿泊者特別料金。1グループ10名以上で申し込み）

34

Yorimichi from Hotel Kokonoe

1 100種類以上ある石の中から好きな色や形を選んで作るパワーストーンアクセサリー作りに挑戦。丁寧に教えてもらえるので初心者でも安心 **2** 店内には珍しいビーズのパーツがずらり。浜松在住の作家によるトンボ玉やガラスの器なども販売している

旅の思い出に自分だけのアクセサリー作り

おしゃれ工房ルーベラ

ブレスレット、ストラップ、ネックレスなどのオリジナルアクセサリー作りや、アートクレイシルバー、好きな模様や絵をガラスに施すサンドブラストなど、好みに合わせてさまざまな手作りが体験できる湖畔の工房。アクセサリー作りは、使う石によって値段が異なりますが大体1000円くらいから、気軽に楽しめます。オカリナや風鈴の絵付け体験やスタンプ作りなど新しいメニューも続々登場しているので、旅の思い出作りに立ち寄ってみてはいかがですか。

map & access

【ホテル九重】●車／東名浜松西ICから約15分 ●電車／JR浜松駅から無料シャトルバスで40分（1日3便）
【ガーベラの花摘みツアー】●車／ホテル九重から約10分
【おしゃれ工房ルーベラ】●車／東名浜松西ICから車で約15分 ●電車／JR浜松駅から「舘山寺温泉」行きで約40分、遠鉄ホテルエンパイア前下車

おしゃれ工房ルーベラ
☎053・487・0030
住 浜松市西区舘山寺町1891
営 平日9:30〜17:00（土日は17:30まで）
休 木曜 P 3台
¥ 体験料／1500円ぐらいから（素材により異なる）
HP http://ruber.entetsu.co.jp/

+α を楽しむ温泉旅 Onsentabi

浜松市 三ケ日町
＊
湖に沈む夕日と会員制リゾートの休日

ホテルハーヴェスト浜名湖

ホテルハーヴェスト浜名湖
浜松市北区三ケ日町大崎372
☎**053・526・1713**
http://resortservice.co.jp/hamanako
★MAP・アクセスはP41

DATA
- ■泉質／温泉ではない
- ■風呂／露天2(男女各1)、内湯2(男女各1)、サウナ2(男女各1)
- ■日帰り／不可
- ■宿泊／12075円〜
- ■IN・OUT／15時・11時
- ■主な施設／レストラン、宴会場、ゲームルーム、テニスコート、フットサルコート、屋外プール、パターゴルフ
- ■客室数／120

浜名湖を染める夕陽を眺めつつモダンな露天でVIPな気分を

「浜名湖畔に51万㎡の広さを誇る「東急リゾートタウン浜名湖」は、敷地内に別荘やマンションはもちろん、テニスコートやパターゴルフコース、マリーナ、さらにレストランまであるリゾート。その中にある会員制の東急ハーヴェストクラブ浜名湖は、浜名湖の温暖な気候と風光明媚な景観に恵まれ、全国に21あるハーヴェストクラブの中でも人気のクラブです。「でも会員制だからどうせ一般の人は泊まれないんでしょ!?」と思う人が多いと思うますが、実は数年前から「ホテルハーヴェスト浜名湖」として一般客の受け入れもしています。もちろん会員が優先ではありますが、平日やオフシーズンを中心に、1万2075円から（大人1人1泊2食付き）

静かな湖面にゆっくりと沈んでいく夕陽は圧巻!

憧れのクラブに宿泊できるのです！　天風呂は最高！　特に空気が澄んだ秋冬は、真っ赤に染まった空と湖猪鼻湖を望む開放的なテラス、明るいエントランスホールなど、館内が見事で、湯は温泉ではありませんまさにリゾートの雰囲気。二つのレスが、贅沢な気分が味わえます。湖でトラン「ラ・マレー」と「かごの木」では野鳥が飛来するので、ホテルで双は、浜名湖の恵みを生かした料理が眼鏡を借りて、鳥たちの様子を遠く味わえます。冬場は、遠州三河産天から観察するのもいいかもしれません然とらふぐを贅沢に盛り込んだ会ん。ホテルからは、可睡斎や花の名席料理が人気です。そして、何といっ所、ピアノ工場などを巡るバスツアーても湖に沈む夕陽を眺められる露にも参加することができます。

1 広めの内湯とサウナもある浴場。そのどこからも湖の景色が眺められる　2・3 深さがあり体がよく温まる壺型風呂。一段高い位置にあるため湖がよく見える　4 露天風呂から見える風景。天気が良ければ夕陽で真っ赤に染まることもある

浜松市・三ヶ日町　ホテルハーヴェスト浜名湖

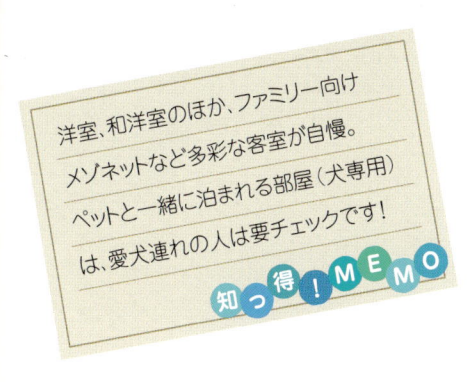

洋室、和洋室のほか、ファミリー向けメゾネットなど多彩な客室が自慢。ペットと一緒に泊まれる部屋（犬専用）は、愛犬連れの人は要チェックです！

知っ得！MEMO

5 客船のメインダイニングをイメージしたレストラン「ラ・マレー」では浜名湖の四季を味わうコース料理を　**6** 落ち着いたインテリアの客室。メゾネット式のファミリールームにはソファやテーブルセットもあり、ゆったり寛げる　**7** 軽い運動で体を動かしたい時にはパターゴルフを　**8** 夕陽に染まるマリーナ　**9** 男女日替わりの露天風呂　**10** さわやかなガーデンテラスでは、1日1組限定の人前式ウエディングも好評

39

Yorimichi-Guide
寄り道するならココ！
ホテルハーヴェスト浜名湖編

ぬくもりの森

小さな看板を頼りに細い上り坂を上がっていくと、ふいに目の前に飛び込んでくる洒落た佇まいの一角。その風景に一瞬、まるでヨーロッパの小さな森に迷い込んでしまったかのような錯覚すら覚えます。地元の建築士の佐々木茂良さんが「自然素材の持つ独特の風合いや温もりを生かした素敵な暮らしを、トータルに提案したい」という考えから作ってきたこの森。雑貨店、レストラン、菓子工房、ガレージ、ギャラリーなどで構成され、どこを見ても絵画のような美しい風景が広がっていて、時間が経つのを忘れてしまいます。

欧風建築と自然との調和に、心がときめく素敵な森

ぬくもりの森
☎**053・486・1723**

住 浜松市中区和地町2949
営 10:30〜18:30
休 木曜・第1水曜（臨時休業あり）
P 25台
HP http://nukumori.jp

気分はすっかり
物語の主人公のよう

Yorimichi from Hotel Harvest Hamanako

map & access

【ホテルハーヴェスト浜名湖】●車／東名浜松西ICから約15分 ●電車／JR浜松駅から無料送迎シャトルバスで約40分（1日3便）
【ぬくもりの森】●車／東名浜松西ICから約10分 ●電車／JR浜松駅から「舘山寺温泉」行きバスで約30分、すじかい橋下車徒歩3分

1 ここでしか買えない作家モノの陶器やアクセサリーもある雑貨店「ぬくもり工房」（☎053・486・3937）。2階にはおしゃれなアイアン製品が並ぶ **2** 小さな水車小屋「お菓子の森」のスイーツ。自然光あふれるテラス席でお茶と一緒に楽しみたい **3** 自然に溶け込んだ欧風建築の佇まい **4** オーナーこだわりのアンティークカーと手作りガレージは大人の遊び心が満載 **5・6** フレンチレストラン「ドゥソール」（☎053・486・3868）では、ちょっとリッチにフランス料理を

＋α を楽しむ温泉旅 Onsentabi

伊豆で唯一、硫黄の香る源泉100％かけ流し

伊東市 伊東温泉
＊ 源泉と離れのお宿 月

周囲を木立に囲まれた秘密の宿で誰にも邪魔されない贅沢な時間

泉質…アルカリ性単純温泉（硫黄臭）
効能…神経痛、筋肉痛、関節痛、冷え症、美肌など
泉温…52・4度

伊東市の富戸に2006年11月、また一つ素敵な宿がオープンしました。静岡市などで、ダイニングレストランを経営するオーナーが開いた宿で、若い人に受けそうなモダンな雰囲気です。まず入り口には三日月型のオブジェがあり温泉が流れています。近づいてみると独特の香りが…！ そう、ここは伊豆で唯一、敷地内に湧く、硫黄の香る源泉をかけ流している宿なのです。大きな窓と天窓から光が差し込む室内は、ホテルのような快適さで、海側のテラスへ出てみると…何とそこには専用露天風呂

源泉と離れのお宿　月
伊東市富戸1241-2
☎0557・33・1233
http://tsuki.cc
★MAP・アクセスはP44

■ DATA
- ■風呂／大浴場（森に浮かぶ露天風呂）2（男女各1）、客室付き露天風呂9
- ■日帰り／不可
- ■宿泊／34200円～
- ■IN・OUT／14時・10時
- ■主な施設／食事処、ゲルマニウム岩盤浴、おみやげ売場など
- ■客室数／9（全室に専用露天風呂付き）

1 「森に浮かぶ露天風呂」の女湯「月姫の湯」。自由に枝を伸ばした木々が目の前にあり、時折小鳥のさえずりが聞こえてくる　2 客室は全室離れで9棟のみ。平屋と二階建て（メゾネット）の2種類あり、そのどちらからも海が一望できる　3・4 入り口にある三日月型の石のオブジェや、受付ホールへ続く通路など、すべてがモダンでおしゃれな雰囲気　5・6 ダイニングでの夕食の一例。旬の味覚を美しく盛り付け、デザートまですべて手作りしている

が。加温・加水なしの源泉かけ流しの湯を好きな時に好きなだけ楽しめるという訳です。女湯の大露天風呂は周囲を木立に囲まれ、まさに「森に浮かぶ露天風呂」。硫黄には角質を軟化させる働きがあるそうなので、柔らか肌も期待できそうです。ここの特徴は女将や仲居さんがいない形式の宿だということ。必要以上のお世話や声かけをしない代わりに、どうぞ誰にも気兼ねなく自由にお過ごしくださいという、やはり若い世代に受けそうな宿です。

知っ得！MEMO

溜まった疲れをとるゲルマニウム岩盤浴も完備。宿泊料を事前に振り込んだ場合、1人2800円（45分間）の利用料が無料になるサービスがあります。

Yorimichi-Guide
寄り道するなら ココ !
源泉と離れのお宿 月 編

アトリエロッキー万華鏡館
世界にたった一つだけのマイ万華鏡づくりに挑戦！

　日本を代表する万華鏡制作の第一人者、山見浩司氏や海外在住の作家の作品に、実際に見て触れて楽しめます。昨年完成した全長13m、高さ3.5mもある世界一の巨大万華鏡や、世にも不思議な万華鏡で遊んだ後は、ぜひマイ万華鏡作りに挑戦してみて！ 世界に一つだけの万華鏡は感動モノの美しさです。

1・2 遊び心たっぷりで不思議な万華鏡たち。自分の顔の万華鏡写真も撮影できる 3 本格的な万華鏡作りが常時体験できるのは国内でここだけ

アトリエロッキー万華鏡館
☎0557・55・1755
住 伊東市八幡野1353-58
営 10:00～15:30
休 水・木曜　P 10台
¥ 万華鏡の制作体験3000円～6500円（所要時間20～30分）

map & access

【源泉と離れのお宿 月】●車／東名沼津ICから国道136号、135号経由で約100分　●電車／伊豆急行富戸駅からタクシーで約5分（無料送迎有り）

【アトリエロッキー万華鏡館】●車／東名沼津ICから国道136号経由で約100分　●電車／伊豆急行伊豆高原駅からバスで約6分

【れすとらん海ほおずき】●車／東名沼津ICから国道136号経由で約90分　●電車／伊豆急行富戸駅から徒歩約12分。または伊豆高原駅からタクシーで約10分

れすとらん 海ほおずき
☎0557・51・7302
住 伊東市富戸字花生場1212-2
営 11:30～14:00（LO13:30）、18:30～22:00（夜は要予約）
休 水曜　P 20台
¥ ランチ1890円～5250円、ディナー6300円～8400円（昼夜ともサービス料別途）
HP http://umihoozuki.jp

1「海のランチコース」の一例。前菜に、パスタまたはカレーパエリア風（4種類の中からチョイス）、デザート盛り合わせ、パン・コーヒーが付く　2 マントルピースが印象的なシックな雰囲気のロビー

れすとらん 海ほおずき
伊豆の恵みを生かした、旬を感じる創作料理

　緑豊かな樹木に抱かれたように建つ「ホテル海」に隣接のレストラン。モダンで落ち着いた雰囲気の中で味わう料理は、伊豆の恵みとシェフの感性が生み出す創作料理。季節感のあるランチやディナーは人気があるため、予約をして訪れたほうが確実です。

リポーターおすすめの

ココにしかない魅力があった！

個性派露天風呂

「とろっとろ湯でつるピカ美肌に」
「ジャングルの中に混浴が!?」
「プールも顔負け。全長25m！」
「おこもり三昧の部屋付き露天」
「鄙びた感じ。でもそれがまたイイんです」
「きらめく夜に、花火と夜景のゴージャス風呂」
「魚が美肌のお手伝い!?」
「これぞ正統派！の源泉かけ流し」etc…。
ひと言で露天風呂といってもその魅力は十泉十色。
個性あふれる露天風呂の数々をご紹介。

熱海市 熱海温泉
＊
秀花園 湯の花膳

- 泉質…カルシウム・ナトリウム・塩化物温泉
- 効能…神経痛、筋肉痛、関節痛、五十肩など
- 泉温…54度

屋上露天風呂「月下美人」は花火鑑賞の特等席。夜景と月と花火の3つのきらめきを堪能できる

夜景と月と大輪の花火 きらめきの屋上露天風呂

女将が生ける小さな花が彩りを添え、心がやわらぐ和風の宿。そんなロマンチックな宿にふさわしく、風呂にはすべて月にちなんだ名前が付けられています。「月下美人」「月見草」という名の屋上露天風呂、「花月夜」「花満月」という内湯など、合計7つの湯を楽しむ「七湯巡り」も魅力の一つです。湯質はまろやかな感触で、肌がつるつるになります。運が良ければ満月の夜に、海に映る月の道・ムーンロードが見られることも…と、それだけでも十分に満足なのですが、極めつけは、熱海海上花火大会でしょう。年間で延べ15日間ほど開かれている花火大会の日、ここの屋上露天風呂は、ベストポジションか

ら花火が見える特等席。三方が山に囲まれているので、山並みに響く音響効果も抜群で「ドーン」と大きな振動が胸に響きます。海面に花火が映って華やかさも2倍！ 特に新館・花風館の露天風呂付き客室は、海側が全面大きなガラス張りなので、部屋からも大スクリーンで見ているような迫力を味わえます。

さて花火といえば夏のイメージですが、実は冬の方がおすすめです。空気が澄んで、花火がきれいに見えますし、夏場よりすいています。空気の冷たさも温泉に浸かりながらだとあまり気にならず、むしろ海風が心地よく感じられると思います。

熱海市・熱海温泉

秀花園　湯の花膳
熱海市和田浜南町7-13
☎0557・83・5151
http://www.syukaen.com/

DATA
- ■風呂／露天2（男女各1）、内湯2（男女各1）、貸切風呂1
- ■日帰り／可（要連絡）
- ■利用料金／大人2250円、子供（小学生）1050円
- ■利用時間／14時～19時
- ■定休日／なし
- ■宿泊／19150円～
- ■IN・OUT／15時・10時
- ■主な施設／ラウンジバー、宴会場、カラオケルーム、売店
- ■客室数／25（露天風呂付き11）

access ●電車／JR熱海駅からタクシーで6分（送迎あり・要連絡）●車／東名沼津ICから国道136号、熱海道路経由で約50分

1 時間を気にせず温泉が楽しめる客室付きの露天風呂　2 新館・花風館の客室付き露天風呂と夜景　3 伊豆ならではの食材を料理長が厳選。部屋でゆったりと味わえる　4 昼間は熱海の町並みと相模湾を一望できる　5 展望風呂「月見草」と陶器製の壺風呂「月の里」　6 館内には女将が生ける花が随所に

寄り道するならココ！

素材を大切にした地元人いち押しの味
三松鮨（みまつずし）
☎0557・81・3022

　熱海近海でとれる魚介を中心とした豊富なネタで、地元常連客が集まる。米をはじめ調味料など、無農薬・無添加のものを使っているところも、人気の理由のひとつだ。静岡の地酒も各種そろう。おすすめは見た目も華やかな「おまかせコース」2550円。

🏠熱海市銀座町4-6　🕐12:00～14:00（13:45LO）、17:00～23:00（22:30LO）　休木曜（祝日は営業し前日か翌日休み）

心地よい空間でなごみのひとときを
CAFE KICHI（キチ）
☎0557・86・0282

　築30年以上の民家を改装してつくられた店内は、木のぬくもりと淡いランプの光が心地よい。ハンドドリップのコーヒーやオリジナルスパイスの「チャイ」、自家製のケーキやスコーンのほか、カレーなどのフードメニューもある。

🏠熱海市田原本町5-9　🕐11:00～20:00LO　休水曜

伊東市 大室温泉 * お宿 うち山

泉質…アルカリ性単純温泉
効能…神経痛、筋肉痛、冷え症、疲労回復など
泉温…37.7度

客室は離れの2階家
山を仰ぎ、風と遊ぶ展望露天

木の温もりや格子戸が京都の町屋をイメージさせる味わい深い佇まい。黒電話がさりげなく置かれ、和服の女性が似合いそうな雰囲気が漂うこの宿は、それもそのはず、今までに100軒以上を手がけたカリスマデザイナー・松葉啓氏がデザインした宿です。客室に入ってみると10畳の和室のほか、広縁、囲炉裏や感じのいい内風呂があり、さらに2階へと続く階段が…。そう、ここは全客室が離れの2階家なのです。2階に上がると、そこにはゆったりとした寝室と展望露天風呂があります。つまり全室に、内湯と露天が各1つずつ付いているのです。話を伺うと、まず「風呂ありき」で設計したそう

で、一番眺めのいい場所に風呂を配し、それに合わせて部屋をレイアウトしていったということでした。露天風呂付き客室と言うより、客室付きの露天風呂と言った方が的を得ているかもしれません。
露天風呂からは天城連山、相模湾、そしてふり返れば大室山が間近に見えて、海も山も一人占めです。大切な人との記念日や、両親へのプレゼントにおすすめの特別な宿です。

伊東市・大室温泉

お宿 うち山

伊東市大室高原2-716
☎0557・52・0010
http://www.oyado-uchiyama.com

DATA
■風呂／露天風呂6、内風呂6(全棟に露天と内風呂が各1ずつ)
■日帰り／不可
■宿泊／40000円～
■IN・OUT／15時・11時
■主な施設／食事処、ティーラウンジ
■客室数／全室離れの2階家で6棟(全棟に露天風呂付き)

access ●電車／伊豆急行伊豆高原駅からタクシーで約8分 ●車／東名沼津ICから国道136号、伊豆中央道経由約80分

1 2階テラスにある展望露天風呂。夜は満天の星空を仰ぐことができる **2** 素材にこだわった内湯 **3** 食事処でいただく自慢の料理は月替わり。京料理をベースに伊豆の食材が盛り込まれている **4** ローベッドで寛げるモダンでゆったりとした寝室 **5** 真後ろに大室山が迫る開放感たっぷりの露天風呂

寄り道するならココ！

搾りたて牛乳100%のソフトクリーム

ケニーズハウスカフェ
☎0557・55・1188

牧場から直送される搾りたて牛乳を使ったミルクソフトが人気。濃厚なのに甘すぎず、週末には行列ができるほど。テイクアウトでは350円、店内では420円で食べられる。このミルクソフトを使ったスイーツとじっくり煮込んだビーフシチューがおすすめ。

住 伊東市八幡野1064-6
営 10:00～18:00(金・土・日～20:00LO、時期により変動あり) 休 無休

新しいスタイルでうどんを楽しめる

切麦屋 あいだ
☎0557・54・1533

まるでフレンチレストランのようなモダンなうどん店。うどんを前菜からデザートまでのコースで楽しめ、新感覚スタイルがおしゃれで斬新だ。自慢のうどんは天城山麓の天然水を使った手打ちで、コシがあってもっちり。予約優先。

住 伊東市八幡野1282-33
営 11:30～14:30LO、17:30～19:30LO 休 木曜(祝日は昼のみ営業)

伊東市 城ヶ崎温泉
＊
花吹雪

- 泉質…塩化物・硫酸塩泉
- 効能…神経痛、冷え症、腰痛など
- 泉温…60度

すべて貸し切りでお湯三昧
森に寄り添う7つの湯殿

温泉、食事処、宿泊棟が2500坪の森に点在し、どこへ行くにも緑の回廊を抜けていく。渡り廊下のように架かる橋を歩けば、鳥のさえずりが聞こえたり、森に住むリスに出合えたり…。そして客室は、どの部屋からも森の緑が見え、澄んだ空気と静寂に心からほっとできます。

敷地内には趣の異なる宿泊棟が4つあり、客室は全17室。300m先の源泉からひく湯は、湯量が豊富で、7つの湯殿は24時間かけ流しですべて貸し切りにできます。アイヌ語でそれぞれ「赤い赤いうさぎ」と「神話」を意味するという2つの風呂「ヒュレヒュレイセポ」と「サンパヤテレケ」は、伊豆石やヒノキを使った半露天風呂。

湯船にしつらえた焼き物の質感を楽しみつつ、湯に浸かる内湯「織部湯」と「志野乃湯」、2006年夏に完成したばかりの露天風呂「鄙の湯」など、どれもそよぐ風を肌で感じながら、思い切り手足を伸ばせるゆったりとした造りです。

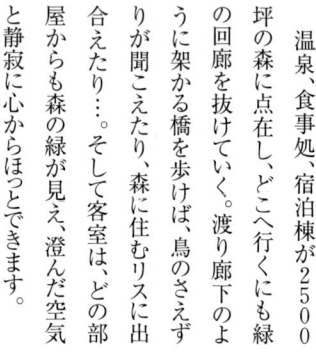

食事は別棟の料理茶屋でいただきます。山海の幸を取り入れたコース料理には、「金目鯛の刺身の桜葉締め」や「桜おこわ」など、大島桜と桜葉を使った料理が登場。ほんのりと桜葉が香り、桜の名所が点在する伊豆高原の春が思い描かれます。夕暮れ時には、夜の幕開けを告げる拍子木の音が「カチーン、カチーン」と情緒たっぷりに響き渡り、旅人の気分を一層盛り上げてくれます。

50

伊東市・城ヶ崎温泉

伊豆高原城ヶ崎温泉　花吹雪
伊東市八幡野1041
☎0557・54・1550
http://www.hanafubuki.co.jp/

■ **DATA**
- ■風呂／露天2（貸切）、半露天2（貸切）、内湯3（貸切）　■日帰り／可
- ■利用料金／大人1500円、子供（小学生）750円
- ■利用時間／11時〜14時（50分入れ替え制）
- ■宿泊／19050円〜
- ■IN・OUT／15時・11時
- ■主な施設／食事処（料理茶屋）、ラウンジ、売店、劇場など
- ■客室数／17

access ●電車／伊豆急行伊豆高原駅から徒歩約15分 ●車／東名沼津ICから国道136号経由で約120分

1「鄙の湯」の露天風呂。床や湯舟の底には保温効果に優れた若草石（伊豆石）を敷きつめている　2「黒文字湯」の露天風呂　3朝食は干物定食または玄米粥。写真の玄米粥には、あられなど9種のトッピングが付く　4部屋が3つあり、キッチンや内湯もある「風姿棟」の1部屋。濡れ縁があるので、緑を存分に感じられる開放的な造り　5夕食や昼食だけの利用もできる。写真は昼食の「花吹雪」

寄り道するならココ！

手抜きのない料理を手頃に味わえる
旬席 ふみ
☎0557・53・0720

京都で13年修業したご主人による繊細な料理を、気取らず手頃な値段で楽しめると、オープン以来評判が広がっている。富戸港の定置網でとれる新鮮な地魚を使ったさまざまな料理を堪能して。夜は「会席おまかせ」のコースが3500円〜。

住 伊東市八幡野1306-54
営 11:30〜14:00、17:30〜21:00※夜は要予約　休 木曜、第3水曜

貴族に愛された華麗なる宝飾品
伊豆高原アンティークジュエリーミュージアム
☎0557・54・5566

貴族に愛された宝飾品にはどれも繊細な細工が施され、当時の職人たちの技術の高さを今に伝えている。アンティーク調のドレスに身を包んで記念撮影もでき、カップルや家族連れに人気。入館料大人900円、中高生700円、小学生500円。

住 伊東市八幡野1030-63
営 9:30〜17:00　休 第1・3火曜（祝日・8月は営業）

| 伊東市 赤沢温泉

赤沢温泉郷 赤沢日帰り温泉館

- 泉質…カルシウム・ナトリウム・塩化物・硫酸塩温泉
- 効能…神経痛、筋肉痛、関節痛、五十肩、疲労回復など
- 泉温…43.2度

海と湯船が一体となったような25m大露天風呂（3階）。右手には天城連山の眺め

かつてない大パノラマは感動モノ！

2003年夏のオープン以来、かつてないスケールの眺望が楽しめると話題になっているのがここ。高台に建つ4階建ての3階にある「25m大露天風呂」は、はるか水平線のかなたまで、何一つ視界を遮るものがない大パノラマが堪能できます。4階にも「20m大露天風呂」があり、こちらは空に近い分、さらに解放感たっぷり。モダンな雰囲気の3階に比べ、赤沢を象徴する赤石や、東屋風の屋根が配され、和風情緒ある造りになっています。湯は少し塩分を含んだ柔らかな湯で、この2つの風呂は男女日替わりで楽しむことができます。

そしてもう一つ、この魅力はやはり充実したアメニティと化粧品です。実はこの温泉、化粧品会社のDHCが経営していて、内湯には同社製入浴剤が入ったその名も「DHCの湯」が。美肌効果も期待度大です。シャンプー類、洗顔料からパウダーコーナーの化粧水、乳液、クレンジングオイル、ヘアスタイリング剤まで揃えてあり、手ぶらで行っても全く困らないサービスの良さも、人気の秘訣のようです。約100畳の広さがある無料お休み処や、掘りごたつ席もあるレストランなど、どこからも太平洋が眺められる造り。日常を忘れ、ちょっと贅沢気分を味わいに、ふらりと出掛けたくなるスポットです。

伊東市・赤沢温泉

赤沢温泉郷　赤沢日帰り温泉館
伊東市赤沢字浮山170-2
☎**0557・53・2617**
http://www.dhc.co.jp/akazawa/

DATA

■風呂／露天2（男女各1）、内湯2（男女各1）、露天風呂付き個室4　■日帰り／可（日帰りのみ）　■利用料金／入浴3時間で平日1200円、土・日・祝日、繁忙期（年末年始・GW・お盆）は1600円（年齢問わず一律）　■利用時間／10時〜22時（土日祝・繁忙期は9時〜、最終受付21時）　■休業日／不定休（1月と6月）　■主な施設／レストラン、タイ古式マッサージ、エステティックサロン、売店、露天風呂付き個室、無料お休み処　■宿泊／隣接の赤沢温泉ホテルで15000円〜　■IN・OUT／15時・11時（赤沢温泉ホテル）　■主な施設／レストラン、タイ古式マッサージ、エステティックサロン、売店、露天風呂付き個室4室（要予約）

access　●電車／伊豆急行伊豆高原駅から無料送迎バスで約15分（時刻表に基づき運行）●車／東名沼津ICから修善寺経由で伊豆スカイライン。終点で下り135号線で下田方面へ約60分

1 露天風呂付き個室は1時間2625円（事前予約優先制）。「萌黄」「亜麻」など日本の伝統色にちなんだ部屋で寛げる。風呂は岩、陶器、檜、樽の4種　**2** ジャグジーやジェットバスもある内湯　**3** 打たせ湯は適度な水圧で肩のコリを解消　**4** タオル類は無料で貸出し。充実のコスメ類は売店で購入可能　**5** 幅20mの大露天風呂（4階）　**6** 月替わりで香りが楽しめる「DHCの湯」。壺風呂と樽風呂がある

寄り道するならココ！

リフレッシュの締めは酒場で決まり

居酒屋 赤沢亭（赤沢の里内）
☎**0557・55・1381**

だし巻き卵や焼き鳥といった単品から定食までそろい、食事処としても使える。酒は日本酒、焼酎、ワインなど60種以上そろい、席はすべて掘りごたつ。デートは日本庭園を前にした席で、仲間とは竹を使った円卓で気の置けない時間を。

🏠 伊東市赤沢浮山167-11
🕐 11:30〜14:30（14:00LO）
※ランチは土・日・祝日、繁忙期。17:00〜23:30（23:00LO）　休 1・6月に休業日あり

アクロバティックなポーズで軽い体に

DHCタイ古式マッサージ（赤沢の里内）
☎**0557・53・2617**（赤沢日帰り温泉館）

ストレッチとマッサージを組み合わせた、タイに古くから伝わる技が受けられる。コースはリフレクソロジーから全身マッサージまで4種類。すべてにフットバス、カウンセリング、アフターティー付き。赤沢日帰り温泉館内2階でも受けられる。

🏠 伊東市赤沢浮山167-11
🕐 10:00〜22:00（土日祝は9:00〜）　休 1・6月に休業日あり

東伊豆町 熱川温泉
ホテルカターラ福島屋

まさに「日の当たる場所」
解放感いっぱいのジャングル風呂

「カターラ」とはマライポリネシア語で「日のあたる場所」という意味。その名前のように、南国の太陽が感じられるトロピカルなホテルです。

本持つ源泉の温度は105度。その豊富な温泉を、大浴場や露天風呂、でジャングルのように生い茂っている呂。サンルーム型の浴室内は、温泉の温かさも手伝って、熱帯植物がまるの魅力はなんといってもジャングル風ル風呂に利用しています。ここで一番全天候型プール、そして広いジャング

バスタオルを巻きましたが、普段は巻いてはいけないそうです。裸の男女がうろうろと、ここで滝に打たれたり、滑り台をするの？　と気になる方は、ぜひその目で確かめてみてください。また、ここは厚生労働省が認定する温泉指導員もいるので、正しい入浴法や、温泉の効果的な入り方なども教えてもらえます。

夕食は部屋でも食べられますが、ダイニングラウンジ「ボラボラ」もエキゾチックな雰囲気が楽しめておすすめです。ワインやカクテルを豊富に取り揃えたカウンターバーもあり、ギターの生演奏も楽しめます。

ここは混浴なのです！　しかも水着やバスタオルの着用はできません。私の場合は撮影のため、特別に種類の風呂が楽しめる混浴風呂…そう、る風呂など、12すべり台のある風呂や、落ちる風呂や、す。滝が流れ

ジャングル風呂「PAU」はサンルーム型浴室。全部で12の浴槽がある混浴風呂（19:00～21:00は女性専用）

泉質…ナトリウム・塩化物・硫酸塩温泉
効能…皮膚病、婦人病、切り傷、やけどなど
泉温…105度

東伊豆町・熱川温泉

ホテルカターラ福島屋
賀茂郡東伊豆町奈良本992-1
☎0557・23・2222
http://www.katara.co.jp

DATA
- ■風呂／露天2(男女各1)、内湯2(男女各1)、混浴ジャングル風呂1、サウナ2(男女各1)
- ■日帰り／不可
- ■宿泊／15900円〜
- ■IN・OUT／15時・10時
- ■主な施設／レストラン、ラウンジ、宴会場、会議室、エステサロン、温水プール、ジャグジー、中国整体など
- ■客室数／74(露天風呂付き3)

access ●電車／伊豆急行伊豆熱川駅から徒歩5分 ●車／東名沼津ICから伊豆中央道、修善寺道路経由で約90分

1 ジャングル風呂の滑り台　2 野天風呂「天と海」。庭の向こうに美しい相模湾を見下ろすことができる　3 旬の魚介がメイン。金目鯛、伊勢海老、アワビなど伊豆特産がたっぷり　4 海を一望するジャグジーバス　5 海と空に浮かんだような女性専用パノラマ風呂「伯爵夫人」　6 温泉を使った全面ガラス張りのプール

寄り道するならココ！

食前酒や土産にぴったりのワイン
伊豆東ワイン
☎0557・95・5151

「伊豆みかんワイン」「やまももワイン」「アロエワイン」などを製造するワイナリー。ジャムやニューサマーオレンジを使った商品も販売。地元JAの温州みかんを使ったワインや「夏みかんサワー」の試飲のほか、希望すれば工場見学もできる。

住 賀茂郡東伊豆町稲取3348-13　8:30〜17:00　休 正月3が日

優しく掛ければ願いがかなう!?
お湯かけ弁財天
☎0557・23・1505
(熱川温泉観光協会)

温泉街のほぼ中心の噴湯やぐらの脇にあり、願掛けをしながら像に湯を掛けると、願いがかなうといわれている。地主が夢枕に立った弁財天のお告げに従って地面を掘ったところ、温泉が噴出。これを感謝して建立したという。

住 賀茂郡東伊豆町熱川温泉

河津町 河津七滝温泉

お抹茶風呂の宿 つりばし荘

- 泉質…単純泉
- 効能…切り傷、神経痛、疲労回復など
- 泉温…40度

名物「お抹茶貸切露天風呂」 風呂に料理に、お茶づくしの宿

敷地内を流れる河津川に3本の吊り橋が架かっていることから、その名が付いたという宿。実は慶応元年（1865年）にお茶屋として創業した旅館で、すぐ横には茶畑や製茶工場があります。そして宿の名物は「お抹茶貸切露天風呂」。そもそも抹茶とは、碾茶という玉露と同様に被覆栽培し、若葉を一つ一つ丁寧に摘んだ茶を粉末状にしずを掛けて被覆栽培し、若葉を一つ一つ丁寧に摘んだ茶を粉末状にしたもの。作るのにとても手間が掛るものですが、この宿では、自家製完全無農薬の最高級抹茶を惜しみなくたっぷりと湯船に使っているのです。入浴前に目の前で抹茶を溶いてもらうのですが、たちまち湯船に芳しい香りが漂ってきて、まず香りに癒されます。お茶にはビタミンも豊富に含まれるので、美肌効果も期待できそう！ 眼下に流れる河津川のせせらぎを眺めながら、しっとりと落ち着ける露天風呂です。

そして、食事にもやはり抹茶が登場。「健茶御膳」は、金目鯛を抹茶にくぐらせて食べる「お抹茶しゃぶしゃぶ」がメインの抹茶づくしのコース。そのほか、鮮魚の刺身を抹茶ベースのタレにつけていただく「お抹茶のカルパッチョ」や「お抹茶焼酎」、「お抹茶アイス」もあるので、お茶好きの人はぜひ味わってみてください。心も体も抹茶色に染まってリフレッシュできるお茶づくしの宿です。

河津町・河津七滝温泉

お抹茶風呂の宿　つりばし荘

賀茂郡河津町梨本433-2
☎0558・35・7511
http://www.tsuribashiso.com/

DATA

■風呂／露天風呂5（男3・女2）、内湯4（男女各2）、貸切風呂（お抹茶露天風呂）1　■日帰り／可　■利用料金／大人1000円、子供（3歳以上）700円　■利用時間／11時～17時　■宿泊／12000円～　■IN・OUT／15時・10時　■主な施設／宴会場、ラウンジ、囲炉裏、バー、マージャン卓、売店など　■客室数／26（露天風呂付き3）

access
●電車／伊豆急行河津駅からタクシーで約15分（要予約で送迎有り）●車／東名沼津ICから135号、414号で修善寺、天城峠経由約80分

1「お抹茶貸切露天風呂」では、陶製の壺風呂が2つと石造りの風呂が1つ、合計3つの湯船を楽しめる　2婦人屋上展望露天風呂。昼間は天城連峰を望みながら、夜は満天の星が楽しめる　3敷地内には3本の吊り橋がある。下を流れるのは河津川　4本館の客室例　5入浴後は主人が天城山から汲んできた岩清水でいれた冷抹茶を　6野趣あふれる野天岩風呂　7囲炉裏を囲んで山海の幸を食べる「溶岩焼き」

寄り道するならココ！

第2の心臓・足裏を、満遍なく刺激

さくらの足湯処
☎0558・32・0290
（河津町観光協会）

笹原公園にある円形の足湯。床には玉石がはってある。他に人がいない場合は浴槽を歩き、足裏を刺激するのもおすすめ。外には足つぼを刺激する歩行路がある。入口から浴槽まではスロープ、浴室には手すりがついている。無料。

🏠賀茂郡河津町笹原111-3　⏰9:00～16:00　休無休

散策途中の"足"やすめに

豊泉（ほうせん）の足湯処
☎0558・32・0290
（河津町観光協会）

豊泉園地内にある無料の足湯。峰温泉の源泉は高温なので、入口から徐々にならして奥にすすみたい。温泉熱を利用した竹踏みを踏みしめれば、さらにリラックス。スロープがつき、バリアフリーになっているため、車イスのまま湯につかることができる。

🏠賀茂郡河津町峰517-1地先　⏰9:00～16:00　休無休

庭木の緑や季節の花を眺めながらかけ流しの湯を堪能

下田市 下田温泉

野の花亭こむらさき

■泉質…弱アルカリ性単純泉
■効能…神経痛、筋肉痛、慢性消化器病、冷え症など
■泉温…55.2度

客室数わずか5室。昔心を大切にした至れり尽くせりの宿

　普段、職場で家庭で我慢しなければならないことが多い毎日…せめて旅に出た時ぐらいは、思いきりわがままを聞いてほしい！　と思っている人におすすめの場所が、この宿です。
　野の花亭の名前からも分かるように、館内には至る所に季節の花が飾られています。客室はたったの5室。13年前に、当時としては珍しい全室露天風呂付きの宿としてオープン以来、昔心を大切にした素朴で温かいもてなしが好評で、旅慣れた年配客や女性から支持を得ています。
　到着するとまず待合室に通され、女将手製の菓子とお茶でひと休み。そこで宿泊客は宿帳に記入するのですが、それを見て驚きました。宿帳というよりは、アンケートのようで、夕食時のビールや日本酒を約20種類から選べたり、枕は、そば殻・低反発・いびき防止など10種類の中から好みのタイプを選べたり…。さらに歯ブラシの硬さ、お香の種類、部屋に飾る花に至るまで、細かく希望を聞いてくれます。そのため滞在中はすべて自分好みで「ここは私のお城！」と言えるほど快適に過ごせます。
　客が宿帳に記入し終え、一服しているわずかな間に客室係さんが一気に部屋のマイナーチェンジをするのですが、その舞台裏を取材して、手際の良さに感心しました。丁寧に作られた料理も絶品。日常の慌ただしさを忘れてゆったりと寛げます。

下田市・下田温泉

野の花亭こむらさき
下田市西本郷1-5-30
☎0558-22-2126
http://www.shimoda-onsen.or.jp/yado/komurasaki.html

DATA
- ■風呂数／内湯5、露天5（内湯・庭園風露天風呂が全客室に各1）
- ■日帰り／不可
- ■宿泊／36900円～
- ■IN・OUT／15時・12時
- ■主な施設／バー、食事処、売店
- ■客室数／5（全室に露天風呂付き）

access ●電車／伊豆急行伊豆急下田駅から徒歩約3分 ●車／東名沼津ICから国道414号経由で約120分

1 肩のこらない居心地のいい和風空間　2 上品な造りの平屋建て。高級宿でありながら敷居の高さを感じさせない温かいもてなしに定評がある　3 客室には「こぶし」「むらさき」「らん」「さくら草」「ききょう」と花の名が付いている。全室に庭園風露天風呂とヒノキの内湯を完備、湯船には肌触りのよいかけ流しの湯がたっぷり張られている　4 料理長が腕をふるう料理は、季節感あふれる会席

Yorimichi 寄り道するならココ！

味、雰囲気、気遣い。すべてに大満足
旬包丁処 あじさい
☎0558・23・2217

脇道にあるこぢんまりとした店ながら、多くのファンをもつ。その時々の旬の食材を使った美しい料理に、しっとりと落ち着いた雰囲気、そして細やかな心遣いがなんとも魅力的だ。夜の会席料理（6000円～）はもちろん、昼のミニ会席（3150円、5250円）も人気。

🏠下田市1-18-29
🕘11:30～14:00、17:00～21:30（昼も夜も要予約）　休火曜

アートに触れて、のんびり旅の小休止を
草画房（そうがぼう）
☎0558・27・1123

ペリーロードの一角、大正初期の石造りの民家で、土、日、祝日のみ営業するカフェ。書家でもあり、画家でもある竹沢尚生さんの躍動感あふれるダイナミックな書画や、季節の花々に囲まれコーヒーを楽しみたい。ケーキやカレーもあり、陶磁器も販売している。

🏠下田市3-14-6　🕘11:00～17:00（要電話確認）　休土・日・祝のみ営業（不定休）

日本一の総ひのき風呂「千人風呂」。湯は弱アルカリ性で、無色透明の自家源泉。飲泉も可能

下田市 河内温泉
＊千人風呂 金谷旅館

- 泉質…弱アルカリ性単純温泉
- 効能…美肌、リウマチ、神経痛、運動器障害、疲労回復など
- 泉温…55度

千客万来！
日本一の総ひのき風呂の宿

下田市街から稲生沢川の上流へ約3km。金谷山を背に建つ江戸末期創業の老舗旅館で、その歴史は140余年にもなります。この売りはなんといっても「千人風呂」。大正4年、「伊豆の名物になる風呂を」と、長さ15m、幅5m、最深部1mの風呂を誕生させました。5年前には板を張り替え、浴槽本体もすべてひのきに一新。日本一の総ひのき風呂として生まれ変わりました。そんな千人風呂ですが、基本的には男湯。女性が入りたい場合は、女湯の方から鍵を開け、男性風呂に行けるようになっています。混浴のようになってしまうようにはなりますが、バスタオルのみ着用可能なので、女性の方はぜひ勇気を出して入ってみてはいかがでしょう。

一方、女湯の「万葉の湯」も木造の女湯としては国内最大です。千人風呂よりやや短く、長さが11mですが、こちらも泳げるほどの広さを存分に堪能できます。

さて、この宿の若女将は、なかなかの名物女将。「伊豆に美しい」と書く今井伊豆美さんは、いつもお客様を笑顔で出迎えてくれます。時にはピアノとシャンソンでもてなすこともあるチャーミングな人です。

またご主人も、趣味の天体観察が高じて、敷地内に天文台を作ってしまったパワフルな人。千人風呂だけにとどまらない、魅力あふれる金谷旅館は、万人に愛される「千客万来」な宿です。

下田市・河内温泉

千人風呂　金谷旅館
下田市河内114-2
☎0558・22・0325
http://homepage2.nifty.com/kanaya/

DATA
■風呂／露天2(男女各1)、内湯2(混浴1、女湯1)、泡風呂・打たせ湯2(男女各露天風呂に併設)、貸切風呂2
■日帰り／可　■利用料金／大人1000円、小学生500円、幼児300円(2時間)　■利用時間／9時〜22時(平日午前中は要問い合わせ)
■定休日／なし　■宿泊／15900円〜(素泊まりでは7480円〜)　■IN・OUT／14時・10時　■主な施設／無料休憩所、天文台、ダンスホール　■客室数／13

access　●電車／伊豆急行蓮台寺駅から徒歩約4分　●車／東名沼津ICから国道414号経由で約110分

1 男女別の露天風呂には泡風呂や打たせ湯がある。ほかに家族風呂「一銭湯」も2つあり温泉三昧が楽しめる　**2** 併設の天文台とご主人。宿泊客は希望があれば解説付きで天体観測が楽しめる　**3** 新鮮な山海の幸を温泉と自家製味噌などで調理。温かみを感じる料理が味わえる　**4** 河内温泉の一軒宿。4月から5月には庭のツツジやサツキが咲き乱れる　**5** 女湯の「万葉の湯」

寄り道するならココ！

早起きして新鮮な魚介を手に入れよう

海の朝市
☎0558・22・1531
(下田市観光協会)

10月〜6月の毎週日曜日に開催し、観光客でにぎわう人気のスポット。下田港にあがったばかりのキンメダイやアジなどの新鮮な魚介に、干物や塩辛といった加工品、そして地元特産品などが所せましと並び、活気あふれる雰囲気も楽しい。

住 下田市外ヶ岡1-1ベイ・ステージ下田1F　営 8:00〜11:00　休 7〜9月、年末年始

いろいろ買ってお土産に配りたい

雑賀屋(さいかや)
☎0558・22・0018

昔懐かしい駄菓子店のような雰囲気に、思わず立ち寄りたくなるはず。店内には手づくりのクッキーや飴などの素朴なお菓子がズラリと並び、どれも欲しくなってしまいそう。キュートな「キューピーサブレ」はお土産にもおすすめ。

住 下田市2-1-27　営 8:00〜19:00　休 不定休

西伊豆町 堂ヶ島温泉

＊

堂ヶ島 小松ビューホテル

■泉質…カルシウム・ナトリウム・硫酸塩泉
■効能…打ち身、外傷、ストレス、疲労回復、肩こり、神経痛など
■泉温…60度

夕陽に染まる「華扇の湯」

湯上がり肌も黄金色に染まる ムードたっぷり、夕陽の露天風呂

日本夕景100選にも選ばれ、夕陽が美しい町として知られる西伊豆町堂ヶ島ですが、とりわけ三四郎島越しに沈む夕陽の素晴らしさは格別。その島を見下ろすようにして設けられているのが、この露天風呂です。

八角形のひのき風呂「華扇（かせん）の湯」からは、三四郎島がぽっかりと海に浮かんでいるように見えます。もちろん昼間も、青い海に島の緑が色鮮やかですが、夕暮れ時には海に光が反射して、全体が黄金色にきらきらと輝き、島のシルエットが浮かび上がります。

私が取材で訪ねた11月の末頃は、太陽の沈む位置がちょうど島の左

下あたりでベストポジション。日没を待ちながら、のんびり湯に浸かるのには、ちょうどいい季節でした。ちなみにここは、映画「失楽園」の舞台になったことでも知られています。

ホテル前のトンネルを抜けると、海岸沿いの岩場に「波打ち際の露天風呂」もあります。薄暗いトンネルを通って行く過程もワクワクします が、海と一体となったような露天風呂は、波しぶきがかかりそうで、海の偉大さを体感できます。

この波打ち際の露天風呂と、屋上露天風呂は日帰り入浴も可能です。絶景も湯の効能の一つだということを、きっと実感できると思います。

西伊豆町・堂ヶ島温泉

西伊豆堂ヶ島温泉
堂ヶ島小松ビューホテル
賀茂郡西伊豆町仁科2943-4
☎0558・52・1101
http://www.komatsu-view.jp/

DATA

■風呂／露天4(男女各2)、内湯2(展望大浴場男女各1)、貸切展望露天風呂2　■日帰り／可(事前に要予約。土・日・祝のみ)　■利用料金／大人1200円、子供(小学生まで)600円　■利用時間／11時30分～14時30分　■宿泊／21150円～　■IN・OUT／15時・10時　■主な施設／ティーラウンジ、バー、クラブ、居酒屋コーナー、プール(夏期のみ)、売店など　■客室数／48(露天風呂付き9)

access ●電車／伊豆箱根鉄道修善寺駅から堂ヶ島行きバス約80分　●車／東名沼津ICから136号経由で約100分

1 女性用屋上露天風呂「華扇の湯」。ここでしか見ることのできない絶景も、湯の効能の一つ　**2** 西伊豆の旬が奏でる豪華な料理。伊勢海老の田楽やアワビのしゃぶしゃぶなど珍しいメニューも登場する。食前酒には地元産ミカンを使ったワインを味わえる　**3** 男性用屋上露天風呂「天想の湯」　**4** 日帰り利用もできる「波打ち際の露天風呂」

寄り道するならココ！

ノスタルジックな雰囲気とかけ流し湯

やまびこ荘
☎0558・58・7153

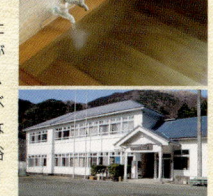

廃校になった木造校舎を利用した町営の宿泊施設で、所々に懐かしさが漂う。源泉かけ流しの豊富な温泉は、日帰り入浴も可能。元校庭ではバーベキューもでき、冬でも水泳部の合宿などで利用されている(別料金)。入浴は大人500円、子供300円。宿泊は1泊2食4725円～。

住 賀茂郡西伊豆町大沢里150　営 8:30～17:00(日帰り)　休 無休

岩肌にあたる夕陽が美しい景勝地

沢田公園
☎0558・52・1268
(西伊豆町観光協会)

リアス式海岸と、海に浮かぶ島々の眺めがすばらしい、変化に富んだ景勝地。灰や砂が降り積もってできた地層が風と波に荒々しく削られ、白い縞模様を見せている。断崖絶壁の岩肌に夕陽があたると全体が黄金色に輝き、カメラマンの撮影スポットとしても人気。

住 賀茂郡西伊豆町沢田

伊豆市　土肥温泉

*

たたみの宿 湯の花亭

■泉質…カルシウム・ナトリウム・硫酸塩・塩化物温泉
■効能…神経痛、筋肉痛、五十肩、冷え症、婦人病など
■泉温…54.5度

湯船の中まで畳が敷かれた露天風呂「花の湯」

畳が湯船の中にまで!?
和の心を大切にした和みの宿

　日本人が好きなものベスト5に、畳と風呂は必ず入るのではないでしょうか。その2つが見事にドッキングした珍しい露天風呂がここにあります。2004年の改装を機に、たたみの宿として生まれ変わり、その名の通り、館内の至る所に畳が敷かれています。その数なんと、4000畳！　まず玄関に入って驚くのがエントランスロビーも畳が敷かれているということ。所々にかわいらしいアヤメが描かれ、「やっぱり日本人は畳だなぁ～」と心が和みます。そして7階の風呂へ行くためにエレベーターに乗ってみると…、なんとエレベーターの中まで畳敷き。でもまさかお風呂まではねぇ…という予想も見事にはずれ、洗い場はもちろん湯船の中にまで畳が敷かれていました。この徹底ぶりには脱帽です。洗い場では、床の冷たさを感じることなく正座で体が洗えます。湯船の中でも畳の柔らかさが伝わってきて、ふかふかといい気持ちです。ご主人いわく「ここは日常を忘れてゆっくり寛いでもらいたい。そして考えた末に行き着いたのが畳だった」とのことです。
　真っ青な海まで0分。夏には水着のまま部屋から海水浴場へ行くこともできます。

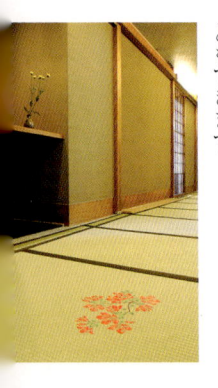

64

伊豆市・土肥温泉

たたみの宿　湯の花亭

伊豆市土肥2849-5
☎0558・98・1104
http://www.toi-yunohanatei.com

DATA
- ■風呂／露天2（男女各1）、内湯2（男女各1）
- ■日帰り／可
- ■利用料金／大人1500円、子供（小学生）1000円
- ■利用時間／13時〜19時
- ■宿泊／18900円〜
- ■IN・OUT／14時・10時
- ■主な施設／売店、カラオケ、ラウンジ
- ■客室数／32（露天風呂付き16）

access ●電車／伊豆箱根鉄道修善寺駅からバスで約50分、「湯の川」下車 ●車／東名沼津ICから国道1号、伊豆中央道経由で約90分

1 「ヒラメと旬の海の幸の板盛」。創作会席和食を部屋出しで楽しめる　2 畳のさらりとした感触に、日本の文化の素晴らしさを感じるエントランス　3 内風呂の「千石船浴殿」　4 「秋桜」の客室付き露天風呂。大浴場と同じ天然温泉　5 穏やかな土肥の海が目の前に広がる露天風呂からの眺め

寄り道するならココ！ *Yorimichi*

手長エビが真ん中にドン！とのった海鮮丼

千歳すし
☎0558・98・2151

10種類の具がたっぷりのった海鮮丼（味噌汁・海草サラダ付きで1500円）は、真ん中に手長エビが丸ごとのってボリュームたっぷり。釣り好きの主人が自ら釣った旬の魚が寿司ネタのショーケースに並ぶこともある。

住 伊豆市土肥438
営 11:00〜15:00、16:30〜20:00　休 金曜

散策の途中でふらりと寄りたい足湯

黄金の湯（伊豆市観光協会土肥支部）
☎0558・98・1212

松原公園にある世界一大きな花時計のすぐ近くにある足湯。温泉噴塔の両側に2つの足湯があり、それぞれ温度の違う温泉が引かれ、誰でも無料で入ることができる。効能は神経痛、筋肉痛、関節痛などで疲れた足に効きそう。園内には観光案内所もある。

住 伊豆市土肥 松原公園内　休 無休

伊豆市 湯ヶ島温泉 * 白壁荘

- 泉質…カルシウム・ナトリウム・硫酸塩温泉
- 効能…神経痛、リウマチ、糖尿病など
- 泉温…47度

樹齢1200年の巨木と重さ53トンの巨石が風呂に

伊豆らしいなまこ壁がくっきりと映える白壁荘は、「学者、文人の仕事に役立つ宿を作りたい」という先代の想いを受け継ぎ、劇作家の木下順二氏や、幼少期を湯ヶ島で過ごした井上靖氏らに愛された宿として知られています。民芸調のしつらえが醸し出す落ち着いた雰囲気が、文学者たちを虜にしたのかもしれません。

さて、この宿の露天風呂といえば日本一の「巨木風呂」と「巨石風呂」が有名です。巨木風呂の素材は、アフリカ産のブビンガ（別名アフリカ紫檀）で、樹齢1200年にもなる大木。それを天城まで運び、風呂を作った

そうです。そして巨石風呂。こちらの素材は、宿を建てる際に地中に埋まっていた岩だそうで縦5.4m、横3.8m、厚さ1.5m、重さは53トンもあります。その岩を露天風呂に使うとは、なかなかのアイデアです。夜はライトアップされ、闇夜に浮かぶ巨石は圧巻です。ごつごつした岩肌の感触と、それとは対照的な柔らかい肌触りの湯。

大きな湯船に浸かると、なぜか大らかな気分になれるのが不思議です。

伊豆市・湯ヶ島温泉

白壁荘
伊豆市湯ヶ島1594
☎0558・85・0100
http://www.shirakabeso.jp

DATA
■風呂／露天2(巨木風呂と巨石風呂。日替わりで男女入替)、内湯2(男女各1)　■日帰り／可(平日のみ・要事前予約)　■利用料金／大人1000円、子供(3歳以上)500円　■利用時間／12時～14時50分　■定休日／不定休　■宿泊／14000円～　■IN・OUT／14時30分・10時30分　■主な施設／食事処、クラブ、売店など　■客室数／25

access ●電車／伊豆箱根鉄道修善寺駅からタクシーで約20分　●車／東名沼津ICから国道1号、136号、414号経由で約50分

1 日本一の巨石風呂　**2** 四季折々の風景が美しい中庭　**3** 湯は天城山麓の谷間から湧き出る天然温泉　**4** 民芸調のインテリアに心が和む館内。井上靖が愛した部屋もある　**5** 夕食の一例。特産品のワサビを使った「わさびづくしのフルコース」ではわさび寿司やわさび酒が楽しめる　**6** 巨木風呂は長さが約4m。4月～7月の週末には200輪のバラが浮かぶバラ風呂に変身する

寄り道するならココ！

スパイスがきいた名物イノシシコロッケ
マルゼン精肉店
☎0558・85・0429

　店の前に来るとコロッケを揚げるいい香りが漂う。店の看板商品「天城猪コロッケ」(1個160円)は猪鍋に使う味噌味のつゆとたっぷり使った猪肉が味の決め手。臭みは全くなく、スパイシーな香りが食欲をそそる。アツアツをすぐに頬張りたい天城の名物だ。

🏠伊豆市湯ヶ島234
🕘9:30～18:00(惣菜は10:00～16:00頃)　休日曜

イノシシ土産に思わずにんまり
小戸橋製菓(ことばしせいか)
☎0558・85・0213

　一番人気は、バリバリの皮に粒あんがはいった「猪最中」(1個100円)。天城のイノシシをかたどり、見た目のかわいさからお土産に買っていく人が多い。カスタードクリームたっぷりの「猪焼」1個75円もあり、喫茶コーナーでは「猪最中アイス」2個300円が食べられる。

🏠伊豆市月ヶ瀬580-6　🕘8:00～17:00(冬季)・夏季は18:00まで　休不定休

伊豆市 湯ヶ島温泉 ＊ 湯本館

- 泉質…カルシウム・ナトリウム・硫酸塩温泉
- 効能…神経痛、筋肉痛、関節痛、関節のこわばり、腰痛など
- 泉温…56度

踊子に思いをはせ、川端の湯に浸かる

標高1406mの天城山は「天城越え」にも歌われた峠の難所。九十九折の坂道、うっそうと生い茂る樹木、温暖な伊豆でも天城だけは、冬に雪が降ったり、他所は晴れていても、ここだけは雨が降ったり…。地元の人はそれを「私雨(わたくしあめ)」と呼ぶそうですが、雨模様の風情や哀愁が似合う町だからこそ、数々の小説の舞台になったのかもしれません。そんな天城の老舗宿、湯本館は創業明治5年。文豪・川端康成が愛した宿として知られています。

「…(前略)湯が島の二日目の夜、宿屋の板敷で踊るのを、私は梯子段の中途に腰をおろして一心に見ていた。」という小説の一文に登場する宿屋は、まさにこの湯本館。玄関も梯子段も当時のまま残っています。また川端康成氏が十年間使用し「伊豆の踊子」を執筆した部屋も当時のまま残されていて、見学することができます。

さて、ここの露天風呂はまさに「川端」の湯。狩野川の河原にある湯船は野趣にあふれ、川を泳ぐ魚が見えるほど川がすぐ目の前です。宿泊客はもちろん、日帰りでも手頃な値段で露天風呂に入ることができ、源泉100%の湯を楽しめます。家族やカップルで貸し切りにもできます。

2007年は作家・井上靖氏の生誕100周年。川端康成氏同様、地元ゆかりの作家ということで、この宿でも様々な催しを開く予定だそうです。

伊豆市・湯ヶ島温泉

湯本館
伊豆市湯ヶ島1656-1
☎0558・85・1028

■DATA
- ■風呂／露天1、内湯2(男女各1)、貸切風呂1
- ■日帰り／可(事前に要予約)
- ■利用料金／大人800円、子供500円
- ■利用時間／12時～15時(40分間)
- ■定休日／不定休
- ■宿泊／15900円～
- ■IN・OUT／15時・10時
- ■主な施設／宴会場、売店
- ■客室数／10

access ●電車／伊豆箱根鉄道修善寺駅からバスで約30分 ●車／東名沼津ICから国道136号経由で約100分

1 川端康成氏が「伊豆の踊子」を執筆した部屋は「川端さん」と呼ばれ、見学は可能　**2** 狩野川のすぐ目の前に佇む木造2階建てには、老舗らしい風格が漂う　**3** 夏は川風が気持ちよく、冬は川から湯気が立ちのぼり、幻想的な景色が広がる川端の露天風呂　**4** 小説にも登場する梯子段。玄関の壁面には映画やドラマで踊子役を演じた女優さんの写真がずらり　**5** 料理は猪鍋のほかアユなど山の幸、沼津港の海の幸が味わえる

寄り道するならココ！

ほんのりツーンと大人味のシュークリーム
三芳屋製菓(みよしやせいか)
☎0558・87・0043

「鮎せんべい」や「しいたけマドレーヌ」(420円)などで知られる菓子店の「わさびくりぃむ」(1個126円)は、細長いシュー皮に天城産生ワサビのすり下ろしを混ぜた生クリームが入った逸品。ほのかに感じるワサビの風味がさわやかで、知る人ぞ知る冬期限定販売の人気のスイーツだ。

🏠伊豆市青羽根141　🕐7:00～19:00　休不定休

トイレの神様を祀る、霊験あらたかな寺
明徳寺(みょうとくじ)
☎0558・85・0144

トイレの守護神「烏枢沙摩(うすさま)明王」を祀る、全国でも珍しい寺。下の病気や世話にならないようにと祈願に訪れる。朱印入りの下着やお札、お守りなどはお土産にも。毎年8月29日に行われる「東司祭」は多くの人でにぎわう。

🏠伊豆市市山234　休無休

伊豆市 修善寺温泉
YUTORIAN 修善寺ホテル

「巌窟風呂」は15時〜19時30分までは女性専用、それ以降深夜0時までは混浴になる（バスタオルや水着不可）

- 泉質…弱アルカリ性単純温泉
- 効能…神経痛、筋肉痛、関節痛、疲労回復など
- 泉温…61度

必見！頑固親父の巌窟風呂

ここに来たら必ず入ってほしいのが「巌窟風呂（がんくつぶろ）」。先代の主人・三須渡さんが1年半の歳月をかけ、たった一人でドリル一本で掘り上げた洞窟風呂です。地底探検のごとく暗闇を進むと、湯けむりの中に長さ25m、幅7m、高さ1.8mの巨大な洞窟が現れます。そこには大小3つの湯船があるのですが、まったくの素人が一人でこれほどのものを作り上げてしまうなんて…と感動すら覚える出来栄えです。

汗水をたらして、岩山に向かう姿を、ちょうどこの宿に泊まりに来ていた脚本家の倉本聰さんが見て「まるで巌窟王のようだね」と言ったことが、風呂の名前の由来だそうです。「巌窟王」はフランス文学の作品ですが、岩を掘った人物の物語ではなく、不屈の精神を持った伯爵の物語です。先代の「人が何と言おうと折れない」という意志の固さを例えらてみると、岩肌に残るドリルに入った跡は荒々しく、まるで大きな生き物のような迫力。湯に浸かると、自分が異次元の世界にいるような不思議な感覚になります。風呂はそのほかに、満天の星空を眺められる「満天星風呂（どうだん）」や大浴場の「桂谷岩風呂」がありますが、いずれも湯は無色透明で体がよく温まります。

また、この宿は資源を大切に…と、エコ活動にも取り組んでいます。タオルやハブラシを使用しなかった場合は、エコポイントに換算し、それを売店などでの買い物に利用できる仕組みになっています。

70

伊豆市・修善寺温泉

YUTORIAN 修善寺ホテル
伊豆市修善寺3431
☎0558・72・2033
http://www.shuzenjihotel.com/

DATA
■風呂／露天2（男女各1）、内湯2（男女各1）、洞窟風呂1（混浴） ■日帰り／可（事前に要連絡・日帰り入浴では巌窟風呂は女性専用） ■利用料金／大人1000円、子供（4歳以上）500円（ハンドタオル付き） ■利用時間／平日のみ13時～17時 ■宿泊／15900円～ ■IN・OUT／15時・10時 ■主な施設／食事処、リラクゼーションルーム、バーラウンジ、多目的ルーム、ロビーギャラリー、売店など

access ●電車／伊豆箱根鉄道修善寺駅から修善寺温泉行きバスで約10分 ●車／東名沼津ICから約60分

1 ランチで食べられるナシゴレンなどのエスニック料理　2 野天風呂「満天星風呂」　3・5 館内のヒーリングサロンでは、インドネシア流の頭皮トリートメントやボディマッサージ、オイルフットなどで至福の時を　4 インドネシアの染織ギャラリーになっているロビー。館内の随所にアジアンテイストを取り入れている　6 料理は四季折々の季節感を大切にした和風会席料理

寄り道するならココ！

風流な笹の葉音をBGMに抹茶を一服

茶処竹の里 水ぐち
☎0558・72・2029

嵯峨野路を思わせる竹林の小径の一角にある。ここではぜひ、赤い毛せんの敷かれた席に座って、季節の和菓子と抹茶（セットで735円）をどうぞ。美しい竹林を眺めながらじっくりと味わう甘味と、さりげなく添えられた季節の花に、心が和む。

🏠伊豆市修善寺3463-17　🕐9:30～日没　休不定休

黒米餅と足湯処でホッとひと休み

一石庵（いっせきあん）
☎0558・72・2063

特産の黒米を使った「黒米餅」400円は、もち米に無添加の黒米を混ぜてついた餅を軽く炙り、醤油でいただく。そのほかに「クリーム白玉あずき」500円や夏場はカキ氷などもある。併設の足湯は、通常は利用料100円だが、食事をすれば無料で利用できる。

🏠伊豆市修善寺950-1　🕐10:00～16:00　休火曜

静岡市

クア・アンド・ホテル 駿河健康ランド

柵の向こうには駿河湾の眺めが広がる露天風呂

興津の海底に封印された 1000万年前の「駿河太古の湯」

●泉質…カルシウム・マグネシウム塩化物冷鉱泉
●効能…神経痛、筋肉痛、疲労回復、切り傷、慢性婦人病など
●泉温…16.1度

　20種類の風呂が楽しめる健康ランドとホテルが一緒になったこの施設は、24時間営業。露天風呂と樽風呂には天然温泉が引かれています。「駿河太古の湯」と呼ばれるその温泉は、1000万年も昔に興津の海底に堆積した地層に封印された化石海水の温泉。それだけで太古のロマンを感じますが、泉質も国内トップクラスの高張泉。湯冷めしにくく、よく温まるのが特徴です。

　その泉質もさることながら、私がココをおすすめする理由は、その眺望の素晴らしさ。真っ青な駿河湾と伊豆半島の眺めが一望でき、市街地からほんの少し足を延ばしただけでこんなに和めるなんて…と驚きます。

　疲れがたまっている人には、エステや健康マッサージ、整体、足芯、あかすりに足裏健康法などのリラクゼーションメニューを用意。健康的にリフレッシュしたい時におすすめです。また、最近オープンしたフィットネスクラブ「アオコーナー」には、ランニングマシンなど最新のマシンがずらり。ボクササイズやヨガ、太極拳、ピラティスなどの教室もあります。

　あのベッカム選手やハンカチ王子も愛用という酸素カプセルも導入され、寝ているだけで疲労回復や美容効果が期待できるそうです。健康ランドで一日過ごす、こんな休日もたまにはいいかもしれません。

静岡市

クア・アンド・ホテル　駿河健康ランド

静岡市清水区興津東町1234
☎054・369・6111
http://www.kur-hotel.co.jp

DATA
■風呂／露天2(男女各1)、内湯24(男女各12)、サウナ14(男女各7)ほか　■日帰り／可　■利用料金／中学生以上1995円、3歳以上945円　■利用時間／24時間　■宿泊／6090円～　■IN・OUT／15時・11時　■主な施設／食事処、マッサージ、整体、美容室、売店、ゲームコーナー、ダンスホール、休憩室、カラオケルームなど　■客室数／419

access　●電車／JR興津駅から徒歩約15分、タクシーで約4分　●車／東名清水ICから約8分

1 圧注浴、電気風呂、水風呂、釜風呂、歩行浴など風呂は全部で20種類　2 クレオパトラも愛した「魚エステ」は10分525円。37度でも平気なコイ科の淡水魚ガラルファが、古い角質を食べてくれる。くすぐったいような不思議な感触　3 駿河湾に面した客室からはオーシャンビューの眺めが爽快　4 フィットネスクラブも24時間営業。利用料840円　5 水着着用のバーデゾーンは家族やカップルに人気

寄り道するならココ！

あんこのふるさと興津の人気たい焼き

興津のたいやき屋
☎054・369・1343

　国道1号線沿いにあり、鯛のイラスト入りの看板とのれんが目印。遠方からも客が訪れる有名店だ。北海道産の小豆を使ったあんこは、甘さ控えめ。小豆の風味がいい昔ながらの味わいだ。作り置きができないため7～9月は販売していない。たい焼きは1個100円。（売切次第終了）

住 静岡市清水区興津中町198-1　営 11:00～18:00　休 不定休

和モダンな空間で個性派スイーツとお茶を

和カフェ 茶楽（ちゃらく）
☎054・369・2301

　創業70年の茶問屋「山梨商店」が手掛ける和カフェ。古民家風の店内にはジャズが流れ、おしゃれでモダンな空間。各種日本茶と人気店の和洋菓子とのセットやお茶を使ったオリジナルスイーツ、月替わりのランチもある。

住 静岡市清水区興津本町158-1　営 10:00～18:00※ショップは8:30～　休 火曜、第2水曜

静岡市　三保はごろも温泉

三保園ホテル

- 泉質…含銅・ナトリウム・塩化物強塩温泉
- 効能…神経痛、筋肉痛、糖尿病、冷え症など
- 泉温…26.5度

三保に湧き出た天然温泉かけ流しの「天女の湯」で美しく

天女が羽衣を掛けたという伝説がある羽衣の松に、白波立つ駿河湾、そして富士山が拝める三保の松原。日本三大松原の一つに挙げられるこの松原の近くに、2006年4月、初の天然温泉が誕生しました。「この風光明媚な地に、どうしても天然温泉の露天風呂を作りたい！」と敷地内で地質調査を行ってみたところ、温泉の水脈があることが判明。地下1159m（奇しくも久能山東照宮の石段1159段と同じ）を掘削し、「塩化物強塩温泉」という神経痛や筋肉痛などにいい温泉が湧きました。湯船には山梨県産の青石や鉄平石を使用し、壁や床板はシックな黒でまとめられています。モダンで落ち着いた雰囲気の露天風呂の名前は「天女の湯」。肌触りが良くしっとりする温泉です。

湯三昧に食事がセットになった「のんびり日帰りプラン」では、海の幸が味わえる「荒磯御膳」と入浴がセットで4000円。食事は、料理長が自らの足で市場に出向き、選んでくる素材を使っているので鮮度抜群です。

ほかに、タラバやズワイ、ケガニなどのカニを食べ尽くす「日本三大カニ食べ放題」のプランや、マグロの兜焼きに刺身、ゴマポン酢のしゃぶしゃぶまで付く「まぐろおもいっきり食べ放題」などのプランもあります。

静岡市・三保はごろも温泉

三保園ホテル
静岡市清水区三保2108
☎054・334・0111
http://www.mihoen.jp

DATA
- ■風呂／露天2（男女各1）、内湯2（男女各1）、変わり風呂2（男女各1）、足湯1
- ■日帰り／可（事前に要連絡）
- ■利用料金／大人（13歳以上）1000円、子供（4歳以上）500円（入浴タオル付き）
- ■利用時間／11:00〜21:00
- ■宿泊／9240円〜
- ■IN・OUT／14時・10時
- ■主な施設／くつろぎ庵、喫茶室、ゲームコーナー、カラオケルーム、クラブ、売店など
- ■客室数／70

access
車／東名清水ICから約20分
電車／JR清水駅から三保灯台行きバスで約20分

1・2「天女の湯」露天風呂。循環ろ過しない100％源泉かけ流し　3・4癒し処「くつろぎ庵」ではゲルマニウム温浴など多彩なリフレッシュメニューを用意　5温泉の誕生と共にホテル入口に足湯もオープン。誰でも無料で利用できる　6約7km続く海岸線に5万4千本の松が生い茂る三保の松原。写真は「羽衣の松」　7「のんびり日帰りプラン」の料理「荒磯御膳」

寄り道するならココ！

天女が舞い降りてきそうな浜辺で一休み

天つ苑（あまつえん）
☎054・334・5277

三保の松原に3軒ある土産物屋の1軒で、羽衣まんじゅうやせんべいの他、三度笠や合羽などの次郎長グッズなども販売。浜辺に出したテーブル席で、波の音を聞きながらみそおでん（1本90円）やラーメン、季節によってかき氷や甘酒などが食べられる。

静岡市清水区三保1283
9:00〜17:00　土・日・祝のみ営業（雨天や強風の日は休み）

ボリューム満点！でもしつこくない天丼

山下天丼三保支店
☎054・334・0210

高温でカラッと揚げた天ぷらを、熱いうちに特製のタレにくぐらせるので、衣にしっかりと味がしみこんでいる。エビ天は丼に収まらないほど身が大きい。エビ、イカ、れんこんなど5種の天ぷらがのる「ぜいたく天丼」1500円や、吉田産ウナギを使った「うな丼」1400円も人気。

静岡市清水区三保912-1
11:00〜14:00、17:00〜20:00　金曜

静岡市

すんぷ夢ひろば 天下泰平の湯

天然温泉が楽しめる内湯の「元服の湯」

- 泉質…カルシウム・ナトリウム・塩化物冷鉱泉
- 効能…切り傷、やけど、慢性皮膚病、慢性婦人病など
- 泉温…21.2度

江戸情緒溢れる県内最大級の湯処

2006年、徳川家康公ゆかりの久能山東照宮にほど近い緑豊かな地に、江戸情緒たっぷりの楽しい施設ができました。大黒門をくぐると、数寄屋造りの建物が軒を連ねる「駿府町家」があり、中は食事処や土産物店が軒を連ねます。今や全国区の人気を誇る静岡おでんや富士宮焼きそばなど、ご当地グルメが食べられるエリアを抜けると、弁天橋という立派な橋が見えてきます。この先が「天下泰平の湯」です。

多彩な風呂は、水着露天風呂も合わせると大小23。一日中いても飽きない工夫が満載です。

男湯の「天下の湯」は、家康の人生の節目となる出来事が各風呂の名前になっています。純真な少年時代を表す白湯は「竹千代の湯」、打たせ湯には「囚われの湯」、「独り立ちの湯」は情熱的な赤い薬湯です。

そして、女湯の「泰平の湯」には、家康の功績の陰にあった女性たちの名が付けられ、人物説明も設置されています。湯に浸かりながら歴史も学べるという訳です。また、水着で楽しむ露天風呂ゾーン「合戦の湯」があるのもここの魅力。「関ヶ原の合戦の湯」「三方ヶ原の戦いの湯」などというジャグジーや洞窟風呂、変化に富んだ湯があるので、家族連れやカップルで来ても楽しく一日が過ごせそうです。

癒しの温泉城下町で、家康気分を味わってみませんか。

76

静岡市

すんぷ夢ひろば　天下泰平の湯

静岡市駿河区古宿字前山294外
☎054-237-4126
http://www.sunpu-yume-hiroba.jp

DATA
■風呂／露天12（男5女7）、内湯6（男女各3）、水着露天風呂5、サウナ2（男女各1）、スパエステ2（男女各1）　■日帰り／可（日帰りのみ）　■利用料金／◇平日：大人2000円、子供（4歳以上）1000円◇土・日・祝日：大人2300円、子供1200円　■利用時間／11時〜翌朝9時　■休業日／なし（メンテナンス休業あり）　■主な施設／食事処、売店、リラックスコーナー（男女兼用と女性専用）、時間貸個室、ボディケアなど

access ●電車／JR静岡駅からタクシーで約25分（無料シャトルバスあり）●車／東名静岡ICから約15分

1 女湯「築山殿の湯」（白湯）。女湯にはほかにも家康を支えた女性たちの名が付いた風呂「西郷の局の湯」、「陰山殿の湯」などがある。　**2** 男湯「竹千代の湯」　**3** 時間貸しの個室は、は、露天風呂付きと風呂なしがあり、広さは6畳〜15畳まで用意　**4** 洞窟風呂「三方ヶ原の戦いの湯」は水着で楽しめる　**5** 演芸場前にあるのは無料の足湯。園内を散策した後はここで足の疲れを癒そう

寄り道するならココ！

ずらり並んだ手ぬぐいは100種類以上！

すんぷ演芸場（ショップ）

静岡出身の浪曲家・さがみ三太さんがプレイングマネージャーを務める県内初の常設演芸場の場内にあるショップ。季節ものから江戸時代に人気のあった柄まで、店内には約100種類以上の手ぬぐいがずらり。きっとお気に入りの一枚が見つかるはずだ。

住　静岡市駿河区古宿字前山294外
（すんぷ夢ひろば内）
営 10:00〜19:00　休 無休

ミュージアムオリジナルグッズが勢揃い

徳川家康ミュージアム（ショップ）

徳川家康の生涯と駿府の歴史について「見て、触れて、学べる」スポット徳川家康ミュージアムの、オリジナルグッズが並ぶショップ。注目の「金蒔絵シール」は、携帯電話に貼ってもよしの人気商品。キュートな和雑貨も揃っている。

住　静岡市駿河区古宿字前山294外
（すんぷ夢ひろば内）
営 10:00〜17:00　休 無休

静岡市 コンヤ温泉
安倍之湯

- 泉質…単純硫黄泉
- 効能…神経痛、筋肉痛、糖尿病、冷え症、慢性皮膚病など
- 泉温…34.1度

ぬるぬる感が最高！ 肌が喜ぶ隠れた名湯

静岡県内の温泉は、地域によって泉質もさまざま。アルカリ性の温泉は、肌に触れるとぬるっとした感触がするというのが感覚としてありますが、今まで入った温泉の中でぬるぬる感が一番強かったのがコンヤ温泉。

武田の武将が湯治に使っていた隠し湯を引いてきたといわれる温泉地にある小さな宿、安倍之湯には和風庭園に囲まれた岩風呂と檜造りの露天風呂があります。

取材で腕に湯を掛けた時、「ん？ す ごくぬるぬるしてる…私、昨夜腕にクリーム塗ったかな？」。そう思ったほど、トロリとした湯質。これは肌に良さそうです！ いつも私をおばさん扱いするスタッフも「肌が湯をはじいてるよ！」と早くも効果てきめんです。その効果は、撮影後も肌はしっとり。さて、この露天風呂の中に入れの行き届いた和風庭園の中にあるのですが、実はすべて宿の人たちの手作りです。素人とは思えない立派な造りは必見です。風呂を囲むように松やツツジが植えられ、自然を間近に感じることができます。晩秋には、山の燃えるような紅葉も間近に見られます。

派手さはありませんが、質素な中に温かみがあり、その泉質の良さからたびたび訪れる湯治客も多い、知る人ぞ知る隠れた名湯です。

檜風呂に浸かって庭を眺めていると自然に気持ちがほぐれてくる

静岡市・コンヤ温泉

安倍之湯
静岡市葵区梅ケ島4264-1
☎054・269・2230
http://www.umegashima.com

DATA
- ■風呂／露天2(男女各1)、内湯2(男女各1)※男女入替制 ■日帰り／可(事前に要連絡)
- ■利用料金／大人800円、子供(3歳以上)500円、食事付きプラン5250円(要予約)
- ■利用時間／11:00～16:00
- ■宿泊／8450円～
- ■IN・OUT／14時30分・10時
- ■主な施設／通信カラオケ付き宴会場、テニスコートなど ■客室数／13

access ●電車／静岡駅から梅ケ島温泉行きバスで約90分、大野木下車徒歩3分 ●車／東名静岡ICから約70分

1 田舎に帰ってきたような懐かしい気持ちになる岩風呂。手足を伸ばして入れる広さも魅力。岩風呂と檜風呂は男女入替制 **2** 檜風呂の屋根も宿の人たちの手作り **3** 男女に1つずつある内湯 **4** 手触りがなめらかなアルカリ性の湯

寄り道するならココ！

気軽に立ち寄れる迫力ある美しい滝

赤水の滝(あかみずのたき)

落差60m、2段で落下する迫力ある滝。県道沿いに看板が出ているので分かりやすい。駐車場もあり、展望台までは徒歩3分ぐらいで、気軽に立ち寄ることができる。紅葉の時期には周辺の木々が真っ赤に染まり、美しい風景が楽しめる。

🏠 静岡市葵区梅ケ島字赤水

ヤマメを釣って、味わおう

魚魚の里(ととのさと)
☎054・269・2380

緑豊かな自然に囲まれ、養殖池の釣堀りやヤマメ釣り、つかみ取りが楽しめる。敷地内の「魚魚の家(ととのいえ)」では囲炉裏を囲んでヤマメ料理や山菜料理が味わおう。釣堀りは1人1500円で4匹まで釣り放題。小さな子供連れに大好評のつかみ取りは500g2000円。

🏠 静岡市葵区梅ケ島5036-2
⏰ 10:00～16:00(6～9月は～17:00) 休 月曜(祝日営業、翌日休み)

焼津市 黒潮温泉
＊
焼津グランドホテル

天然温泉と富士山、駿河湾の眺めでリフレッシュ

これぞニッポン！の風景を望む
黒潮温泉のかけ流し

大崩海岸の高台に建つ立地の良さから、ロビーや客室からは壮大なオーシャンビューが。テラスに出ると、海が真っ青に見え、「もしかしてここはエーゲ海？」と錯覚してしまうほどの美しさです。でも露天風呂からは、これぞニッポン！ という眺めが楽しめます。大崩の岩間から張り出す松の向こうに富士山、右方向には伊豆半島が見えます。湯は焼津黒潮温泉。薄い茶色で塩分を含む湯は、皮膚に塩分が付着して汗の蒸発を防ぐため、保温効果が高く、湯冷めしにくいようです。

レストランプラン」は、温泉・レストランでのランチ、ラウンジでの休憩、テラスでの喫茶が付いて3600円。また昼食と夕食も食べて、客室で11時から21時まで滞在できる「お泊り風 0泊2食プラン」（7880円）もあります。宿泊プランでは、料理長が腕を振るう「料理長特選 四季ごよみ」、女性向けにはオーシャンビューの洋室に泊まり、部屋でフェイシャルエステが受けられる1泊2日の「エステプラン」（16800円）も。スポーツ好きには、ランチにテニス、スポーツドリンク、喫茶券、温泉がセットの「リゾートパック」がおすすめ。私も何度か利用したことがありますが、ひと汗かいた後の露天風呂とビールは最高です。

シチュエーションに合わせた多彩なプランがそろうのもここの魅力。温泉と豪華ランチを楽しむ「湯ったり

■泉質…ナトリウム・カルシウム・塩化物温泉
■効能…神経痛、筋肉痛、関節痛、五十肩など
■泉温…51度

焼津市・黒潮温泉

焼津黒潮温泉　焼津グランドホテル
焼津市浜当目大崩海岸通り
☎054・627・7774
http://www.sn-hotels.com/ygh/

DATA
■風呂／露天2(男女各1)、内湯2(男女各1)、貸切家族風呂2　■日帰り／可(館内利用のお客様のみ)　■利用料金／大人650円　■利用時間／11:30〜17:30(火曜は12:30〜)　■宿泊／13650円〜　■IN・OUT／15時・11時　■主な施設／レストラン、ラウンジ、テニスコート(有料)、屋外プール、宴会場、ゲームコーナー、エステなど
■客室数／123

access ●電車／JR焼津駅から無料送迎バスで約10分(要問い合わせ)　●車／東名焼津ICから国道150号経由で約10分

1 洋室と和室を組み合わせた海側の客室。リゾート感あふれるローベッドやソファで寛げる　**2** 英国式リフレクソロジーで体もトリートメント。足裏の反射区を指の腹を使ってゆっくりと刺激し、痛くない気持ちの良さが特長　**3** 彩り鮮やかな季節ごとの味覚を会席料理で楽しむ「四季ごよみ」

寄り道するならココ！

カフェ併設のモダンアートミュージアム
カフェ ダダリ (長谷川現代美術館)
☎054・627・7581 
元は外国人の別荘だった館を開放したカフェ併設美術館。バスキアやアンディ・ウォーホール、ダリなどのアート作品が展示されている。窓いっぱいに広がる海の眺めと芸術を鑑賞しながら、パスタなどの軽食やケーキなどが味わえる。

🏠焼津市小浜1409　🕐10:00〜19:00　🚫金曜

海鮮丼ランチや生利サラダに舌鼓
焼津浜食堂
☎054・628・2920  
創業100年の海産物加工業、カネオト石橋商店が開いた食堂。店内からは焼津の町並みや富士山が見え、鮮度抜群の海鮮丼や刺身定食が人気を集めている。1階で製造している生利節や鮪のしぐれ煮などは定食に添えられて登場する。(売切次第営業終了)

🏠焼津市城之腰91-5　🕐11:00〜14:00　🚫火・土曜

藤枝市 瀬戸谷温泉
＊
瀬戸谷温泉 ゆらく

- 泉質：ナトリウム・炭酸水素塩・塩化物温泉
- 効能：神経痛、筋肉痛、五十肩、冷え症、慢性婦人病など
- 泉温：31.8度

周囲の自然を一望できる露天風呂

人にやさしいバリアフリー設計
温泉で楽〜に、健康に！

2003年夏にオープン。その名前には湯を楽しみ、湯で楽しむ、ラクスして…といろいろな意味が込められています。周辺には田園風景が広がり、リンゴ狩りやブルーベリー農園も近くにあります。岩風呂の露天風呂は手足が十分に伸ばせ、湯に浸かっていると、どこからともなく鳥のさえずりが聞こえてきてゆったりとした気分になれます。

大浴場にも特色があり、木で造られたドームの天井はガラス張りで、瀬戸谷の日光がさんさんと降り注いできます。内湯でありながら明るく、開放的な雰囲気です。館内は、お年寄りなどにもやさしいバリアフリー設計。床やロッカーなど、随所に

木の温もりが感じられ、ロビーに生花を飾るという心配りも忘れません。平日の昼間は、市内外からの常連客、土日には遠方からも訪れる人が多く、224個あるロッカーが全部埋まって順番待ちが出るほどだそうです。

「ゆったり入るなら、平日の夜が狙い目です！」と、スタッフの方が教えてくれました。ゆらくのホームページでは、スタッフがブログ（ゆらく日記）を開設、特典やサービス情報をのせるなど、毎日更新しています。また、10回の入浴で1回分無料になるポイントカードや、月末の「お客様感謝デー」などもあります。サービス精神旺盛で人にやさし〜い温泉です。

藤枝市・瀬戸谷温泉

瀬戸谷温泉　ゆらく
藤枝市本郷5437
☎054・639・1126
http://www.yuraku.tv/

DATA
■風呂／露天2(男女各1)、内湯2(男女各1)、変わり湯2(男女各1)、サウナ2(男女各1)　■日帰り／可(日帰りのみ)　■利用料金／大人500円、子供(3歳以上)300円　■利用時間／9時～21時(最終受付20時30分)　■定休日／月曜日　■主な施設／和室、大広間、湯上がりラウンジ、湯上がりテラス、地元農産物直売所「ちょっくら」など

access　●電車／JR藤枝駅からバスで約35分　●車／藤枝バイパス谷稲葉ICから約15分

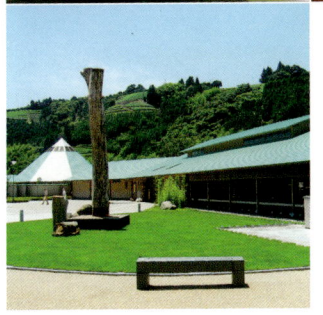

1・2 広々として開放的な内風呂。湯は少し緑ににごった肌にやさしい湯。ほかに香りが楽しめる「変わり湯」もあり、とうがらし、アップルティー、薬草、ユズなどの湯が週替わりで登場する　3 63畳108席の大広間。畳の上でのんびりと湯上がりタイムを過ごすことができる。ほかに10畳12席の和室が2部屋あり、団体や家族で貸し切りも可能(要予約)

寄り道するならココ！

広～い緑のスキー場で1年中スキー三昧
大久保グラススキー場
☎054・631・2020

長さ100m、斜度13度のコースは初心者でも楽しめ、グラススキーで滑り降りるととても気持ちがいい。マウンテンボード、グラススクーターやグラスバギーもあり、子供も楽しめる。食事ができるログハウスやキャンプも併設している。グラススキー1時間1010円。グラススクーター30分510円。

住 藤枝市瀬戸ノ谷11021　⏰ 9:00～17:00(冬期は～16:30)　休 月曜

地元の新鮮朝採り野菜が並ぶ朝市
ちょっくら
☎054・639・1126

瀬戸谷温泉ゆらくの駐車場の一角で開かれる朝市。地元の約80軒の農家が持ち寄る野菜はどれもとれ立てで鮮度はお墨付き。ほかに果物や手作りこんにゃくなども並ぶ。売り切れゴメンなので、欲しい物があれば入浴前に買っておこう。

住 藤枝市本郷5437　⏰ 8:30～16:00　休 水・土・日曜のみ営業

川根町　川根温泉

川根温泉 ふれあいの泉

勇姿に惚れ惚れ。SLが迫る露天風呂

●泉質…ナトリウム塩化物泉
●効能…神経痛、筋肉痛、関節痛、慢性皮膚炎など
●泉温…48.6度

SLが間近に見える露天風呂。大井川の地下深くから湧き出る湯は加水、加温、循環なしの源泉かけ流し

今や全国的に有名な大井川鉄道のSL。その勇姿を眺めながら湯に浸かれるのがこの温泉の最大の魅力です。露天風呂は大井川にかかる陸橋を望む、最高のアングル。SLは季節によって通過時刻や本数が変わりますが、おすすめの時間帯は12時30分頃。遠くから汽笛がかすかに聞こえてくると、誰からともなく「来るよー！」と声があがります。「ポー！ポー！」と汽笛が鳴り響き、川の向こう岸からSLの勇姿が現れると、自然と手を振ってしまいます。運転手さんもそれに応えるかのように『ポー！ポー！』。森にこだまする汽笛、煙を吐きながら力強く走るSLの勇姿！
取材の時には男風呂で撮影したのですが、男性陣が、つい裸だということを忘れて立ち上がり、SLに手を振っている光景はなかなか滑稽です。そして感動の余韻にひたりながら、また湯に浸かる。「あ〜、来てよかった。SLに温泉、サイコー！」と、きっと満足できるはずです。大浴場にはほかに、川根産竹炭を使った炭風呂や岩風呂、ひのき風呂があります。また、家族連れなどには、水着着用のバーデゾーンも人気。20mの温水プールと泡スパ、歩行湯など4種の温泉があり、夏には屋外の流れるプールも…と、1日いても飽きないほど充実しています。そして風呂の後には、食事処でぜひ「炭うどん」を。戸外の座敷席で川根の風に吹かれながら食べるのがおすすめです。

川根町・川根温泉

川根温泉　ふれあいの泉
榛原郡川根町笹間渡220
☎**0547・53・4330**
http://www.kawaneonsen.jp

DATA
■風呂／【浴場】露天8（男女各4）、内湯2（男女各1）、足湯1【バーデゾーン】温水プール1、ジャグジー1、打たせ湯1、歩行湯ほか　■日帰り／可
■利用料金／【浴場】大人500円、子供300円【バーデゾーン】大人700円、子供500円、※両方共通大人1000円、子供500円　■利用時間／9時～21時　■定休日／毎月第1火曜（祝日の場合翌日）　■宿泊／23100円～（ふれあいコテージ1棟の料金・食事別）■IN・OUT／16時・11時
■主な施設／特産物売店、宿泊施設「ふれあいコテージ」、食事処ほか
■客室数／10棟（露天風呂付き3）

access　●電車／大井川鉄道川根温泉笹間渡駅から徒歩5分　●車／東名相良牧之原ICから国道473号経由で約45分

1 良質な川根温泉を自宅の風呂でも楽しめる「濃縮川根温泉」販売中（1本500ml入り525円）　**2** ひょうたん型の炭風呂（男湯）。女湯の浴槽は丸い形をしている　**3** ひのき風呂　**4** バーデゾーン「翠夢」の20mプール。屋外には流れるプールも（夏季限定）　**5** 喉越しがツルンとしておいしい「炭うどん」は600円　**6** 湯上りにのんびり涼める座敷席　**7** 宿泊棟「ふれあいコテージ」には露天風呂付きの棟もあり大人気（予約制）

寄り道するならココ！

四季折々の自然を感じながらのんびりしよう
野守の池（のもりのいけ）
☎0547・53・4587
（川根町役場地域振興課）

遊女・野守太夫の悲恋の伝説が残る池。今はヘラブナやコイなどの釣りの名所として親しまれている。周辺には展望台やボブコースター、ローラーすべり台などもあり、遊歩道を散歩したり自然の中での～んびりと過ごすのにぴったり。
🏠榛原郡川根町家山

川根を訪れたらぜひ食べたい逸品
加藤菓子舗
☎0547・53・2176

なんといっても、生クリーム入りの大福「川根大福」（1個160円）が有名。週末は午前中で売り切れてしまうことも多いので、予約したほうが確実だ。取り寄せも可能。そのほか「川根茶プリン」（1個210円）や洋菓子もあり、カフェスペースでひと休みもできる。
🏠榛原郡川根町身成3530-5
営8:00～18:00　休月曜（祝日営業、翌日休み）

川根本町 寸又峡温泉

奥大井観光ホテル 翠紅苑

- 泉質…単純硫黄泉
- 効能…神経痛、筋肉痛、関節痛、五十肩、運動麻痺、疲労回復など
- 泉温…43度

人里離れた山のいで湯は、別名・美女づくりの湯

山懐に抱かれ、まさに秘境と呼ぶにふさわしい静かな温泉郷、寸又峡温泉。温泉街は昭和37年に開かれましたが、その歴史の始まりとともに歩んできた宿がこの翠紅苑です。人里離れた地で奥大井の四季を堪能し、やすらぎのひと時を過ごすことができます。

建物は落ち着いた印象の和風造りで、老舗ならではの風格が漂います。毎分540ℓもの豊富な湧出量を誇る寸又峡温泉の源泉は、4kmも離れた深い山の中にあるそうで、はるばる遠くから引湯しているというだけで、ありがたさも感じます。

露天風呂は解放感あふれる岩風呂。寸又峡温泉の泉質は、強アルカリ性の単純硫黄泉で別名・美女づくりの湯とも言われています。手ですくうと湯がたぷたぷと音を立て、その音からもとろみ感がよくわかります。湯に浸かると、まるで肌にベールをまとったようにな めらか。効能もあらたかなその湯を求めて、古くから湯治客が数多く訪れる名湯です。

さて、奥大井といえば新緑や紅葉が見事なことでも有名です。90mの長さを誇る「夢の吊橋」は、翠紅苑から歩いて20分ほどです。その道は、車両通行止めなので、周囲の自然を楽しみながらぶらぶらと散策してみてはいかがでしょう。

「21世紀に残したい日本の自然百景」や「新日本観光百選」にも選ばれた寸又峡。一度は訪れてほしい温泉地です。

旅情あふれる夜の露天風呂。大浴場「白珠の湯」に併設されている

川根本町・寸又峡温泉

奥大井観光ホテル　翠紅苑
榛原郡川根本町千頭279　寸又峡温泉
☎0547・59・3100
http://www.suikoen.jp

DATA
- ■風呂／露天2(男女各1)、内湯2(男女各1)
- ■日帰り／可(週末の16時〜20時は混雑するので事前に要連絡)
- ■利用料金／7歳以上600円(ハンドタオル付き)
- ■利用時間／11時30分〜20時
- ■定休日／なし　■宿泊／13800円〜　■IN・OUT／14時・10時
- ■主な施設／宴会場、レストラン、売店など　■客室数／41

access　●電車／大井川鉄道千頭駅から寸又峡温泉行きバスで約40分、寸又峡温泉入口下車徒歩1分　●車／東名相良牧之原ICから国道473号経由で約90分

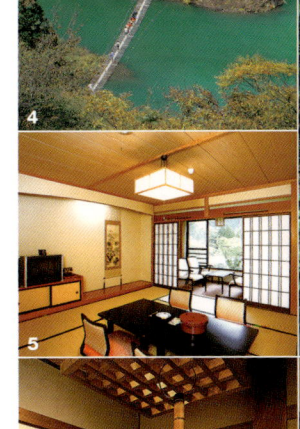

1 手入れの行き届いた庭園にも心が和む　2 大地の恵みに彩られた食事。冬場にはジビエ料理や静岡の地酒を楽しむプランも登場。日帰り入浴と昼食のセットプランもある。鮎の塩焼き、岩魚の骨酒など山里ならではの料理も楽しみ　3 清らかな水が走る水車が旅人を出迎える　4 寸又峡のシンボル「夢の吊橋」。新緑、紅葉など四季折々の色彩の美が見事　5・6 ゆったりした時間が過ごせる客室はさまざまなタイプがあり、中には囲炉裏付きの部屋もある

寄り道するならココ！

山里ならではの素朴な手づくりの味
手造りの店さとう
☎0547・59・2387

寸又峡温泉街の突き当たりにあり、蔓でできたカゴなど山里らしい民芸品が買えるほか、自然薯を練り固めて揚げた「山いも餅」(2個400円)や「とろろそば」(600円)、鹿刺し(700円)などが食べられる。店オリジナルの山ウド、シメジ、フキの佃煮(各400円)は素朴な味わい。

住 榛原郡川根本町千頭372(寸又峡)　営 6:00〜18:00　休 無休

エメラルドグリーンの水面の美しさは圧巻！
夢の吊橋
☎0547・59・2746
(川根本町まちづくり観光協会)

大間ダムに堰き止められた人造湖にかかる長さ90m、高さ8mの吊橋。揺れる橋の上からは、四季折々の美しさを見せる寸又峡の雄大な自然や、湖の風景が楽しめる。橋には定員があるので、紅葉の季節には橋の袂に長蛇の列ができることもある。

住 榛原郡川根本町寸又峡

掛川市 倉真温泉 ＊

真砂館

- 泉質…単純硫黄泉
- 効能…神経痛、胃腸炎、リウマチ、冷え症、美肌など
- 泉温…18度

露天風呂付き客室「利休」の露天風呂は肌に心地よい檜造り

美しい蓮の花が彩りを添え願いがかなうと言われる百観音の里

掛川市街から北へ20分、山間に素朴な温泉宿が現れます。創業明治27年の純和風の温泉宿、真砂館です。山を背に立つこの宿には「酔蓮亭」という桟敷があり、毎年6月中旬から8月中旬まで、庭一面に咲く蓮の花を眺めながら、朝食をいただくことができます。花は約70種類以上。朝のすがすがしい空気の中、淡いピンクや白い花が一斉に開くと、辺り一帯いい香りに包まれ、まるで極楽にいる気分。箱から引き出すお重の器には、彩りもきれいな料理が入っています。ふだん慌しく済ませてしまうことの多い朝食も、ここでは美しい花を楽しみながらしみじみと味わえるのです。

至福の時が過ごせます。

ここの露天風呂付き客室「利休」は、その名にふさわしい侘びさびを感じさせるしっとりとした佇まい。檜の湯船は大人一人が入るのにちょうどいい大きさで、木のぬくもりに心が落ち着きます。湯も、別名・美肌の湯といわれるだけあって、まろやかです。さて、この宿は名物犬がいることでも有名。真砂館の裏にある山の中腹には願いがかなうといわれている百観音様が鎮座しているのですが、参拝客の歩調に合わせ、宿から観音様まで道案内してくれます。そんな犬とのふれあいも楽しめる宿です。

掛川市・倉真温泉

歴史の宿　真砂館
掛川市倉真5421
☎0537・28・0111
http://www.masagokan.com

DATA
- ■風呂／内湯2（男女各1）、貸切風呂1　■日帰り／可　■利用料金／大人1000円、小学生以下500円　■利用時間／10時〜15時（14時受付終了）　■定休日／なし　■宿泊／13960円〜　■IN・OUT／15時・10時　■主な施設／宴会場、ティーラウンジ、売店、離れ座敷「楓林庵」、茶室など　■客室数／20（露天風呂付き2）

access ●電車／JR掛川駅からタクシーで約15分 ●車／東名掛川ICから倉真方面へ北上、約15分

1・2 美しい蓮の鉢植え250鉢を眺めながら風流な朝食が楽しめる「酔蓮亭」。同じ時期に近くの田んぼも一面、蓮が咲き誇る　3 湯は美肌の湯ともいわれる湯質。やさしくまろやかな感触で、肌がすべすべになる　4 離れの座敷「楓林庵」は、明治時代の建築。歴史を感じる佇まいの中で食事をすることも可能（要予約）

寄り道するならココ！

焼きとレア。チーズが2層のチーズケーキ
マッターホーン
☎0537・24・3422

　JR掛川駅北口から徒歩約5分、地元の人も通う人気洋菓子店。各種ケーキは270円前後と値段も手頃。店自慢の「チーズケーキ」はビスケットの上に焼きチーズ、その上にレアチーズとチーズが2層重なって濃厚な味。1ピース300円。

住 掛川市紺屋町6-13　営 9:00〜21:00　休 木曜（祝日を除く）

健康を考えた薬膳料理とシフォンケーキ
バール ぷちリッチ
☎0537・24・1281

　薬膳調理指導員の資格をもつシェフ・中山直紀さんによる、イタリアンをベースにした体にやさしい料理が女性に人気。ふわふわのシフォンケーキ（テイクアウト可）やカプチーノなども評判で、食事にティータイムに、幅広く利用できる。

住 掛川市上西郷1587-1　営 11:00〜20:30LO※金・土曜は21:30LO　休 不定休

掛川市　掛川つま恋温泉

森林乃湯

- 泉質…ナトリウム・塩化物温泉
- 効能…神経痛、筋肉痛、関節痛、五十肩、運動麻痺、くじき、慢性消化器病など
- 泉温…38・4度

「外の湯」の大露天風呂。高温湯、歩行湯、寝湯、大滝の湯など8種類の露天風呂がある

存分に手足を伸ばせる広さ 森林浴もできる森の湯処

ヤマハリゾート内にあり、豪華で清潔感のあるおしゃれな外観が目印。名前の通り、森林に抱かれたような露天風呂が自慢です。湯処は「外の湯」と「内の湯」の二カ所。それぞれに趣の異なる露天風呂と内湯があり、男女日替わりで楽しめます。

「外の湯」は、丘の傾斜を利用して造られた立体的な設計で、8つの露天風呂と1つの内風呂があります。「眺望サウナ」や、池のほとりに突き出した露天「眺望の湯」は、まるで森に抱かれたような贅沢な気分を味わえます。

そしてもう一つが「内の湯」。名前は「内の湯」ですが、ここにも露天風呂が6つもあり、池に面した大露天風呂は落ち着いた雰囲気です。「外の湯」の露天風呂に劣らない広さで、手足を存分に伸ばせます。内湯は名物「お茶風呂」もあり、女性に人気だそうです。

そして「内の湯」にも「展望サウナ」があるのですが、「外の湯」のサウナ同様、森林乃湯のサウナは全面ガラス張り。とても解放感があり、美しい景色を堪能できます。フィンランド産香花石を使用し、人肌に優しいのもうれしい限りです。ランチと温泉、スポーツなどがセットになった女性限定の「日帰りプラン」(3150円)のほか、ホテル宿泊がセットのプランもあり、幅広い年齢層で楽しめる施設です。

掛川市・掛川つま恋温泉

森林乃湯

掛川市満水2000
☎0537・24・2641
http://www.tsumagoi.net

DATA

■風呂／【外の湯】露天8、内湯3、サウナ1【内の湯】露天6、内湯1、サウナ2※「外の湯」と「内の湯」は日替わりで男女入替　■日帰り／可
■利用料金／中学生以上1000円、小学生以上500円　■利用時間／10時〜23時（最終入場22時30分）
■定休日／なし（ただし年2回の設備点検日は休業）　■宿泊／11000円〜　■IN・OUT／14時・11時
■主な施設／ホテル、レストラン、チャペル、乗馬倶楽部、テニスコート、ゴルフコース、ウォーターパークサーキットほか　■客室数／232

access ●電車／JR掛川駅からバスで約15分、タクシーで約10分　●車／東名掛川ICから約15分

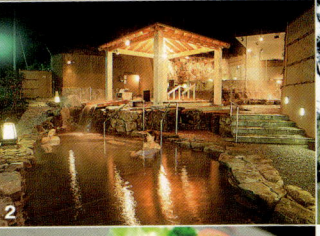

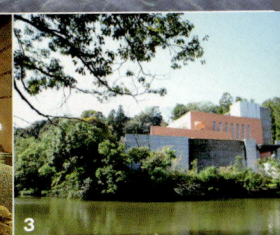

1「内の湯」の露天風呂。秋には紅葉が楽しめる　2夜は23時まで営業。闇に浮かぶ風情たっぷりの檜風呂　3建物はリゾート施設にふさわしいモダンテイスト　4食事処は全76席で夜22時まで営業。人気の「ステーキ丼」（1500円）のほかオムライスやパスタもある　5空を仰いで解放感を満喫できる「内の湯」の寝湯　6緑を見渡すテラスは40席。ほかに休憩できるラウンジもある

寄り道するならココ！

古民家でお好み焼き&寿司を楽しむ

おもいでの家
☎0537・24・5407

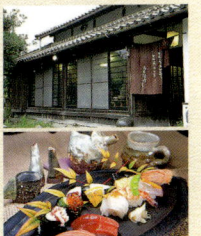

120年前の民家を利用した、趣のある居心地のいい雰囲気。メニューはお好み焼きをメインに、にぎり寿司やさまざまな一品料理が味わえる。店で使用しているすてきな器もご主人の手づくりで、敷地内の和雑貨店で購入することができる。

住掛川市満水1412
営11:30〜14:00、16:30〜21:00　休火曜、第1・3月曜

緑を眺めながらのランチがおすすめ

ベルフィユ
☎0537・24・1111（代表）

「つま恋」内にあるフレンチレストラン。季節のメイン料理をチョイスする「プリフィックスランチ」（1890円〜）は、農家直送の新鮮野菜のサラダバーやデザート、自家製パンの食べ放題が付いて、大好評。緑あふれる窓からの眺めも気持ちがいい。

営12:00〜13:30LO、17:30〜※夜は予約制　休無休

富士宮市

田貫湖ハーバルガーデン

裾野まで見える富士山の眺望

静岡県の露天風呂といったら、やはり富士山を望む風呂は外せませ ん。富士が見える露天風呂は数あれど、こんなに富士山が気持ちよく見える風呂は数少ないのではないでしょうか。ここからは山の裾野まで視界を邪魔するものがありません。風呂にも柵がないので解放感も素晴らしく、天候に恵まれれば湯船に浸かって、湯に映る逆さ富士や夕暮れの紅富士、ダイヤモンド富士を拝めることもあるそうです。

ハーバルガーデンというだけあって、内湯は日替わりでさまざまなハーブ湯になります。また敷地内のレストラン「カモミール」では、季節のランチやハーブティーがおすすめです。予約すればみんなでワイワイとバーベキューも楽しめます。

木立に囲まれたかわいらしいコテージも家族やグループに好評です。

田貫湖ハーバルガーデン
富士宮市猪之頭字向平2271-8
☎0544・52・0356
http://www.asagiri.net

DATA
- ■風呂／露天2（男女各1）、内湯2（男女各1）
- ■日帰り／可
- ■利用料金／大人735円、子供（3歳以上）420円
- ■利用時間／10時〜16時
- ■定休日／なし
- ■宿泊／7350円〜
- ■IN・OUT／15時・10時
- ■主な施設／宴会場、レストランホール、ローズガーデン、ハーブガーデン
- ■客室数／コテージ10棟

access ●電車／JR富士宮駅からバスで約30分 ●車／東名富士ICから西富士道路経由で約30分

1 湯は温泉ではないが、富士を間近に望むロケーションが魅力　2 オープンデッキが開放的なレストラン　3 ローズガーデン（無料開放）には季節のバラとハーブがいっぱい

掛川市
法泉寺温泉

湯元 滝本館

■泉質‥‥単純硫黄泉
■効能‥‥神経痛、胃腸疾患、リウマチ、運動麻痺、糖尿病など
■泉温‥‥12度

560余年の歴史、効能あらたかな湯

約560年前の室町時代、法泉寺を開山した僧侶が夢枕に立った仙人の教えに従って地面に杖をさしたところ、境内から霊泉が湧き出たといういわれがある法泉寺温泉。その門前に構えるこの宿には、地方巡業でここを訪れた力士の写真がずらりと並んでいます。力士も入る温泉となると疲労回復や湯治効果も期待大です。湯は少し濁りがあって、体の芯までじんわりと温泉成分が浸透していくような感覚です。岩造りの内湯は大きな窓越しに庭が眺められ、露天のような気分が味わえますが、もちろん外に本物の露天風呂があります。広めの湯船にとっぷり浸かり、静かに目を閉じると、竹林がさらさらと風に揺れる音だけが聞こえます。心も体もじっくり療養するのには、ぴったりな温泉かもしれません。

1 露天風呂は平成10年に新設。周囲の静かな自然を存分に堪能したい 2 光が差し込む岩造りの内湯 3 すっぽんやふぐ、しし鍋と休憩がセットの日帰りプランもある

湯元 滝本館
掛川市上西郷5174-1
☎0537・29・1126
http://www.tokai.or.jp/takimoto/

DATA
■風呂／露天2(男女各1)、内湯2(男女各1) ■日帰り／可(天候により露天は使用できない場合あり)
■利用料金／大人1000円、子供500円、昼食と個室休憩付きは5250円〜
■利用時間／10時〜18時
■定休日／不定休
■宿泊／10600円〜
■IN・OUT／15時・10時
■主な施設／大広間 ■客室数／8

access ●電車／JR掛川駅からタクシーで約10分 ●車／東名掛川ICから約20分、または掛川バイパス西郷ICから県道39号経由で約7分

浜松市 ＊ あたご島（とう）

- 泉質…アルカリ性単純温泉（冷泉）
- 効能…皮膚疾患、肩こり、腰痛、糖尿病など
- 泉温…16度

不思議な石のパワーで元気に！

天竜川の支流、阿多古川沿いにある「あたご島」は、川あり、キャンプ場あり、そして不思議な風呂ありのレジャースポット。この露天風呂は、その珍しい浴槽に注目です！　素材は福島県小野町だけに産出する小野鉱石。10億年以上の歳月をかけて形成されたこの石は、天然ラジウム温泉に至るまで使用した、「ラジウム温泉」なのです。ラジウム泉は極微量な放射性物質を含み、皮膚疾患や美容・健康にいいといわれます。そして風呂からの眺めは解放感たっぷり！　こんな絶景のラジウム温泉は珍しいと思います。キャンプや川遊びの疲れを癒したい時には、ぜひ立ち寄ってみてはいかがでしょうか。

表面に凹凸がある小野鉱石でできた浴槽

露天風呂からは周辺の青々とした山が見える。和風の植え込みも手入れが行き届いて清潔感あふれる

ウムを放出します。ここはその石を、冷泉を汲み上げるパイプや貯水槽

あたご島
浜松市天竜区西藤平207-1
☎0539・28・0561

DATA
- ■風呂／露天2（男女各1）
- ■日帰り／可
- ■利用料金／大人（11歳以上）700円、子供（1歳以上）350円
- ■利用時間／10時～18時
- ■定休日／土日のみ営業（7～9月は無休）
- ■宿泊／3000円～（貸別荘に宿泊した場合）
- ■IN・OUT／11時・10時
- ■主な施設／貸別荘（2棟）、キャンプ場、レストランなど

access
- ●電車／遠州鉄道西鹿島駅からバスで約20分
- ●車／東名浜松西ICから都田バイパス経由で約35分

静岡県のおすすめ露天風呂
しずおか湯めぐり67

まだまだある!

※DATAの見方はP4を参照してください。

熱海市 | 熱海温泉 ＊ **新かどや**

☎0557・81・6185
熱海市小嵐町14-8
http://www.shinkado.co.jp/

良質な源泉が自慢の、大人が寛げる宿

毎分140リットルという豊富な湯量の自家源泉を持つ、本格的な和風温泉旅館。大浴場、露天風呂ともに大人向きの落ち着いた佇まいで、良質の湯をじっくり楽しめる。露天風呂からは熱海名物の花火が見えて、旅行気分も盛り上がる。

DATA
■泉質／カルシウム・ナトリウム-塩化物温泉 ■効能／疲労回復、神経痛、関節痛など ■泉温／59度
■風呂／内湯2(男女各1)、露天2(男女各1)、足湯1
■日帰り／可 ■利用料金／大人1200円、子供(3歳以上)525円 ■利用時間／13時～16時
■定休日／なし ■宿泊／23250円～
■IN・OUT／14時・11時
■主な施設／バー、売店、会議室 ■客室数／20

access ●電車／JR熱海駅からタクシーで約8分 ●車／東名沼津ICから熱函道路、国道135号経由で約60分

熱海市 | 熱海温泉 ＊ **ホテルニューアカオ**

☎0557・82・5151　熱海市熱海1993-250　http://www.newakao.jp

日の出を眺められる贅沢な朝風呂

敷地内の源泉から引いた天然温泉を楽しめる。露天風呂「頼朝・政子の湯」は海までわずか5mという至近距離にあり、日の出を眺めながらの朝風呂は格別だ。冬には熱海特産のダイダイを入れた「ミカン風呂」も登場する。

DATA
■泉質／ナトリウム・カルシウム-塩化物温泉 ■効能／神経痛、筋肉痛、冷え症など ■泉温／56度
■風呂／露天2(男女各1)、内湯2(男女各1)
■日帰り／不可
■宿泊／19000円～
■IN・OUT／8時・11時※入室は13時～ ■主な施設／カラオケ、夜食処、室内プール、卓球、レンタルドレスコーナーなど
■客室数／250

access ●電車／JR熱海駅からタクシーで約10分(駅から無料送迎バスあり) ●車／東名沼津ICから136号、熱函道路経由で約60分

熱海市 熱海温泉 ＊ マリンスパあたみ

☎0557・86・2020
熱海市和田浜南町4-39
http://www.marinespa.com

友達と、家族と、カップルで。楽しみ方満載

温泉を利用した水着着用の湯遊びスポット。熱海湾や初島が見える屋上の温水プール（3〜10月のみ）は露天風呂感覚にあふれ、熱海の海が一望できる。12種類のシステムバスがある健康温浴室やウォータースライダーも人気。

DATA
- ■泉質／ナトリウム・カルシウム－塩化物温泉■効能／神経痛、筋肉痛、関節痛など■泉温／58.1度
- ■風呂／内湯2（男女各1）、サウナ4（水着着用）
- ■日帰り／可（日帰りのみ）■利用料金／大人1300円、子供（小中学生）650円■利用時間／◇3月〜10月:9時〜21時／11月〜2月:10時から（入館受付はともに19時30分）■定休日／木曜■主な施設／食事処、マッサージルーム、売店、ボディデザイン研究所など

access ●電車／JR熱海駅から網代方面または熱海港行きバスで約10分 ●車／東名沼津ICから国道136号、135号経由で約60分

熱海市 熱海温泉 ＊ 岡本ホテル

☎0557・81・3524　熱海市上宿町1-29　http://www.okamotohotel.co.jp/

海鮮や和牛の豪華料理とクアハウス風温泉でリラックス

和牛や海鮮のしゃぶしゃぶ、炙り会席など手ごろな値段で豪華料理が味わえる。サウナ、水風呂、打たせ湯もある大浴場「白楽天」には、漢方生薬たっぷりの薬湯も。屋上には木造りの展望露天風呂がある。

DATA
- ■泉質／カルシウム・ナトリウム－塩化物温泉■効能／打ち身、肩こり、神経痛など■泉温／72.8度
- ■風呂／露天2（男女各1）、内湯2（男女各1）、打たせ湯1、サウナ1
- ■日帰り／不可
- ■宿泊／8400円〜
- ■IN・OUT／14時・10時
- ■主な施設／クラブ、コーヒーコーナー、エステ、中国整体、ラーメンコーナー、売店など
- ■客室数／82（露天風呂付き5）

access ●電車／JR熱海駅から徒歩約10分、タクシーで約5分 ●車／東名沼津ICから熱函道路経由で約150分

伊東市 ＊ ハワイアンプチホテル アメリカンハウス エンジェル・キッス

☎0557・51・4951
伊東市大室高原11-107
http://www.izu-angel.com

ハワイアンな温かいもてなしとゆったり貸切露天風呂

館内の雰囲気から料理に至るまで、まるでハワイの親戚を訪ねたような温かいもてなしを受けられる。食事はローカルハワイの味を現地で学んだオーナーの丁寧な手作り料理。露天風呂が付いたスイートルームは幅広い層に人気。

DATA
- ■風呂／露天1（貸切風呂）
- ■日帰り／不可
- ■宿泊／9680円〜
- ■IN・OUT／16時・10時
- ■主な施設／ダイニング、バーなど
- ■客室数／6（露天風呂付き3）

access ●電車／伊豆急行伊豆高原駅からバスで約15分、タクシーで約7分 ●車／東名沼津ICから国道136号経由で約90分

96

伊東市　伊東温泉 ＊ ホテル暖香園

☎0557・37・0011　伊東市竹の内1-3-6　http://www.dankoen.com

備長炭のすき間からあふれる良質で豊富な湯

湯量の多い伊東温泉らしく、広々とした大浴場でゆったりと湯に浸かれるのが特徴。浴場内には、備長炭から湯があふれていてほどよい温もりを保ち、自然を演出した内装で身も心もゆったり気分が味わえる。

DATA
- ■泉質／単純温泉　■効能／筋肉痛、疲労回復など　■泉温／41度　■風呂／大浴場2(男女各1)、露天2(男女各1)　■日帰り／可　■利用料金／大人1000円、子供(小学生)600円※タオル付き　■利用時間／12時～17時　■定休日／なし　■宿泊／12000円～　■IN・OUT／14時・10時　■主な施設／食事処、ボーリング場など　■客室数／120

access ●電車／JR伊東線伊東駅から徒歩約10分 ●車／東名沼津ICから約90分

伊東市　伊豆高原温泉 ＊ 立ち寄り温泉 高原の湯

☎0557・54・5200　伊東市八幡野1180　http://www.suiransou.com

高原の空気をたっぷり深呼吸

国道135号線沿いにあり、車でも電車でも行きやすい場所にある。敷地は3000坪あり、天然岩石を使った露天風呂が自然林の中に作られていて、高原の澄んだ自然や空気と一体感が得られる高原らしい温泉。

DATA
- ■泉質／アルカリ性単純温泉　■効能／神経痛、筋肉痛、関節痛、冷え症など　■泉温／43度　■風呂／露天5(男3女2)、内湯2(男女各1)、気泡湯2(男女各1)、打たせ湯2(男女各1)、サウナ2(男女各)、水風呂2(男女各1)　■日帰り／可(日帰りのみ)　■利用料金／大人900円、子供(4歳以上)450円(3時間)　■利用時間／10時～22時(受付21時まで)　■定休日／第1・3木曜(祝日・GW・春・夏・冬休みは営業)　■主な施設／喫茶、売店、大広間、エステ、レストラン、マッサージなど

access ●電車／伊豆急行伊豆高原駅から徒歩約5分 ●車／東名沼津ICから国道135号経由で約90分

伊東市　伊豆高原温泉 ＊ 伊豆一碧湖ホテル

☎0557・45・7700　伊東市吉田843-8　http://www.izuippekiko.net

スパもある上質な温泉で貴婦人気分

日本百景の一つに選ばれた一碧湖のほとりにある、ヨーロッパ風のプチホテル。大浴場や露天風呂のほかに、英国式リフレクソロジーとアロマテラピーも備えたスパがあり、上質のリラックスタイムが過ごせる。

DATA
- ■泉質／カルシウム・ナトリウム-硫酸塩温泉　■効能／神経痛、関節痛、慢性消化器病、疲労回復など　■泉温／41度　■風呂／露天2(男女各1)、内湯2(男女各1)、サウナ2(男女各1)　■日帰り／可　■利用料金／大人1000円、子供(3歳以上)500円　■利用時間／6時～翌1時(清掃時間を除く)　■定休日／なし　■宿泊／19500円～　■IN・OUT／15時・11時　■主な施設／スパ、室内温水プール、ジャグジー、レストランなど　■客室数／36

access ●電車／伊豆急行伊豆高原駅からバスで約20分(無料送迎バスあり。予約制)　●車／東名沼津ICから国道136号経由で約90分

東伊豆町　熱川温泉 ＊ 高磯の湯

☎0557・23・1505
賀茂郡東伊豆町奈良本
http://www.atagawa.net/

目の前が海！ダイナミックさが味わえる

波打ち際にある露天風呂は、湯船の中央にある石から湯が噴き出し、湯船に浸かると目の前は一面海という絶景が広がっている。波しぶきがかかりそうな野性味たっぷりの入浴が楽しめる。

DATA
- ■泉質／ナトリウム・塩化物-硫酸塩泉　■効能／婦人病、皮膚疾患など　■泉温／99.5度
- ■風呂／露天2（男女各1）
- ■日帰り／可（日帰りのみ）
- ■利用料金／大人600円、子供（3歳以上）300円※夏期はプール併用のため大人700円、子供350円
- ■利用時間／9時30分～17時　■定休日／なし（荒天時は休業）

access ●電車／伊豆急行伊豆熱川駅から徒歩約10分●車／東名沼津ICから国道135号経由で約90分

東伊豆町　稲取温泉 ＊ 稲取東海ホテル湯苑

☎0557・95・2121
賀茂郡東伊豆町稲取1599-1
http://www.tokai-h.co.jp

海に突き出した露天でダイナミックな気分

温泉地らしく、屋内にはさまざまなタイプの温泉を用意。海に突き出した露天ではハーブの香りが心地よいハーブ湯や、太平洋を一望する寝湯など個性的な温泉が、ダイナミックに楽しめる。客室には露天付きの個室もある。

DATA
- ■泉質／ナトリウム・カルシウム-塩化物温泉　■効能／神経痛、筋肉痛、冷え症、慢性皮膚病など　■泉温／69度　■風呂／露天3（ハーブ湯・寝湯・岩風呂）、内湯2（大浴場・ジャグジー・打たせ湯・サウナ各1）※風呂はすべて時間帯で男女入替　■日帰り／可　■利用料金／大人1000円、子供（小学生まで）500円　■利用時間／14時～20時　■定休日／不定休　■宿泊／10650円～　■IN・OUT／14時・10時　■主な施設／クラブ、バー、ゲームコーナー、売店など　■客室数／40（露天風呂付き12）

access ●電車／伊豆急行伊豆稲取駅からバスで約5分●車／東名沼津ICから国道136号経由で約90分

河津町　峰温泉 ＊ 菊水館

☎0558・32・1018
賀茂郡河津町峰439-1
http://www.izu-onsen.com/kikusui

好みや健康状態に合わせて楽しめる

「三菊の湯」、「東雲の湯」という二本の自家源泉を持ち、熱帯植物と岩に囲まれ、南国ムード満点のジャングル風呂や打たせ湯、半身浴、寝湯など、好みや健康状態に合わせた温泉の楽しみ方を提案してくれる。

DATA
- ■泉質／ナトリウム塩化物泉　■効能／神経痛、リウマチ、胃腸病、筋肉痛など　■泉温／93度（三菊の湯）、73度（東雲の湯）　■風呂／全身浴・半身浴・かぶり湯・打たせ湯・圧注浴・寝湯各2（男女各1）　■日帰り／可　■利用料金／大人2000円、子供（小学生）1500円、幼児（小学生未満）800円　■利用時間／14時～19時　■定休日／なし　■宿泊／14700円～　■IN・OUT／14時・10時　■主な施設／サウナ、ジャグジーなど　■客室数／26

access ●電車／伊豆急行河津駅からタクシーで約5分●車／東名沼津ICから約90分

98

河津町　峰温泉 ＊ 踊り子温泉会館

☎0558・32・2626　賀茂郡河津町峰457-1　http://www.town.kawazu.shizuoka.jp

「伊豆の踊子」気分になれる山あいの温泉

大正時代に掘り当てられた源泉は、今も湯量が豊富。露天からは河津の山々が望め、川のせせらぎも聞こえて山の温泉の風情がある。河津町が川端康成の名作「伊豆の踊子」の舞台になったことから会館名にした。

DATA
- ■泉質／ナトリウム塩化物温泉
- ■効能／神経痛、筋肉痛、関節痛、運動麻痺など
- ■泉温／61.6度
- ■風呂／露天・打たせ湯・泡風呂・サウナ各2（男女各1）
- ■日帰り／可（日帰りのみ）
- ■利用料金／大人1000円、子供（3歳～小学生）500円（3時間まで）
- ■利用時間／10時～21時
- ■定休日／火曜（祝日の場合木曜）
- ■主な施設／休憩室

access ●電車／伊豆急行河津駅からバスで約10分　●車／東名沼津ICから国道136号、414号経由で約90分

河津町　今井浜温泉 ＊ サンシップ今井浜

☎0558・34・1834　賀茂郡河津町見高358-2　http://www.town.kawazu.shizuoka.jp/

ヨットをイメージした建物で爽快な湯浴みを

水着着用の展望バスや海に面した断崖の露天風呂などからは駿河湾を一望できる。伊豆の特産品「ニューサマーオレンジ」のボディーソープやリンスインシャンプーなどが常備されている。タオルは有料。海水浴帰りに寄る人も多い。

DATA
- ■泉質／ナトリウム塩化物温泉
- ■効能／神経痛、筋肉痛、関節痛、五十肩、運動麻痺、関節のこわばり、打ち身、くじき、慢性消化器病など
- ■泉温／61.6度
- ■風呂／露天2（男女各1）、内湯2（男女各1）、混浴サウナ（水着着用）1、展望バス1（男女混浴）
- ■日帰り／可（日帰りのみ）
- ■利用料金／大人1000円、子供（3歳～小学生）500円
- ■利用時間／9時～19時
- ■定休日／水曜
- ■主な施設／休憩室など

access ●電車／伊豆急行今井浜海岸駅から徒歩約5分　●車／沼津ICから国道136号、414号経由で約90分

下田市　下田温泉 ＊ 下田セントラルホテル

☎0558・28・1126　下田市相玉133-1　http://www.shimoda-central-hotel.co.jp

飲泉や打たせ湯などで温泉効果を実感

自家源泉から引き込んだ天然温泉が特徴で、超音波、気泡、打たせ湯など温泉効果を実感できるさまざまな設備もたくさんそろう。客室内の内風呂でも天然温泉が楽しめ、静岡県から認可された飲泉もある。

DATA
- ■泉質／アルカリ性単純泉
- ■効能／神経痛、筋肉痛、関節痛、五十肩など
- ■泉温／51.8度
- ■風呂／展望大浴場2（男女各1）、露天2（男女各1）
- ■日帰り／不可
- ■宿泊／18000円～
- ■主な施設／源泉プール、テニスコートほか
- ■IN・OUT／13時・10時
- ■客室数／70（露天風呂付き6）

access ●電車／伊豆急行伊豆急下田駅からバスで約20分（無料シャトルバスあり）　●車／東名沼津ICから国道414号経由で約120分

下田市 下田温泉 ＊ 下田ベイクロシオ

☎0558・27・2111
下田市柿崎4-1
http://www.baykuro.co.jp

海と庭園を懐に抱いたような眺め

最上階に大浴場があり、眼下に広がる下田湾を一望する展望風呂と、手入れの行き届いた日本庭園が眺められる露天の庭園風呂が人気。自然の醍醐味を満喫できる細やかな趣向が楽しめる。

DATA
- ■泉質／弱アルカリ性単純泉 ■効能／神経痛、筋肉痛、肩こりなど ■泉温／55～60度
- ■風呂／内湯2（男女各1）、露天1（時間で男女入替制）
- ■日帰り／可 ■利用料金／大人1000円、子供（3歳以上）500円 ■利用時間／15時～21時 ■定休日／不定休
- ■宿泊／18000円～
- ■主な施設／喫茶ラウンジ、売店、湯上ラウンジなど
- ■IN・OUT／15時・11時 ■客室数／42

access ●電車／伊豆急行伊豆急下田駅からタクシーで約4分（送迎あり・要予約） ●車／東名沼津ICから国道414号経由で約120分

西伊豆町 堂ヶ島温泉 ＊ 沢田公園露天風呂

☎0558・52・0057
賀茂郡西伊豆町仁科2817-1　http://www.nishiizu-kankou.com

夕陽のまち・西伊豆を実感 断崖絶壁の絶景風呂

リアス式海岸の断崖絶壁に作られた公営露天風呂。風呂からは時間とともに刻々と表情を変える太平洋や三四郎島、下を行き交う遊覧船が眺められ、特に夕暮れ時の景色は息をのむ美しさだ。

DATA
- ■泉質／ナトリウム・カルシウム硫酸塩・塩化物温泉 ■効能／関節痛、神経痛、慢性消化器病、冷え症など
- ■泉温／57度
- ■風呂／露天2（男女各1）
- ■日帰り／可（日帰りのみ）
- ■利用料金／大人500円、子供（3歳以上）300円
- ■利用時間／◇7～8月：6時～20時 ◇9～6月：7時～19時
- ■定休日／火曜 ■主な施設／なし

access ●電車／伊豆急行伊豆急下田駅からバスで約55分、沢田バス停下車徒歩10分 ●車／東名沼津ICから国道136号経由で約120分

西伊豆町 堂ヶ島温泉 ＊ 海辺のかくれ湯 清流

☎0558・52・1118
賀茂郡西伊豆町仁科2941
http://www.k-seiryu.com

風情あふれる波打ち際の露天風呂

沈む夕日、光る水面が眺められる波打ち際の露天風呂が人気。部屋からもオーシャンビューが堪能できる。夕食は駿河湾直送の海の幸が満喫でき、品数も量もたっぷり。朝食には漁師料理の「まご茶」が楽しめる。

DATA
- ■泉質／アルカリ性単純泉 ■効能／打ち身、腰痛、冷え症など ■泉温／42度 ■風呂／露天2（波打ち際男女各1）、内湯2（男女各1）、貸切風呂2、ジャグジー2（男女各1）、サウナ2（男女各1） ■日帰り／可 ■利用料金／大人1000円、子供（1～12歳）500円 ■利用時間／12時～17時 ■定休日／なし ■宿泊／18900円～ ■IN・OUT／15時・10時 ■主な施設／ラウンジ、売店、エステ、夜食処、クラブ、ゲームコーナーなど ■客室数／39（露天風呂付き5）

access ●電車／伊豆急行蓮台寺駅下車、直通バスで約40分 ●車／東名沼津ICから国道136号経由で約100分

伊豆市 ＊プライベートビーチガーデン 星のなぎさ

☎0558・98・1707　伊豆市小土肥309-1
http://www8.ocn.ne.jp/~nagisa/

紺碧の海、黄金色の夕暮れ、幻想的な漁火に酔いしれる

夕陽の名所・旅人岬の前に建つしゃれた外観のホテル。オーシャンビューの客室は全室に専用露天風呂を完備。刻々と変わる海の表情に、身も心もほどけてくる。シェフが手がける旬の素材を取り入れた繊細な料理も楽しみだ。

DATA
- ■風呂／露天風呂10（客室に各1）、貸切露天風呂2
- ■日帰り／可
- ■利用料金／大人1000円、子供（小学生未満）300円
- ■利用時間／13時～17時（入場16時30分まで）
- ■定休日／なし
- ■宿泊料金／15000円～
- ■IN・OUT／13時～18時・10時
- ■主な施設／レストラン、ティーラウンジなど
- ■客室数／10（露天風呂付き10）

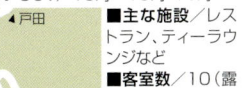

access
- ●電車／伊豆箱根鉄道修善寺駅からバスで約50分、タクシーで約40分
- ●車／東名沼津ICから国道136号経由で約90分

伊豆市　土肥温泉 ＊湯茶寮マルト

☎0558・97・3377
伊豆市土肥2658-1
http://www.maru-to.jp

2種類の源泉を引く風呂と海鮮料理

地元の海鮮料理店が、もっとゆっくり土肥を味わってほしいと始めた宿。和風モダンな食事処ではとれたての海鮮料理を。板長が目の前で握る寿司も好評だ。土肥温泉と小土肥温泉、2つの源泉を引く風呂では湯質の違いを肌で感じられる。

DATA
- ■泉質／カルシウム・ナトリウム硫酸塩泉と単純温泉
- ■効能／打ち身、外傷、筋肉痛など
- ■泉温／57.8度
- ■風呂／露天2（男女各1）、内湯2（男女各1）、貸切展望露天風呂（有料）
- ■日帰り／可（要問合せ）
- ■利用料金／大人700円、子供（3歳以上）500円
- ■利用時間／10時～22時（最終受付21時30分）
- ■定休日／不定休
- ■宿泊／9000円～
- ■IN・OUT／15時・10時
- ■主な施設／食事処（魚問屋直営海鮮レストラン）、カラオケなど
- ■客室数／15

access
- ●電車／伊豆箱根鉄道修善寺駅からバスで約50分
- ●車／東名沼津ICから国道136号経由で約60分

松崎町　松崎温泉 ＊伊豆まつざき荘

☎0558・42・0450　賀茂郡松崎町江奈210-1　http://www.izu-matsuzaki.com

公共の宿で一流ホテル並みのくつろぎ感を

2006年春、全面リニューアルした公共の宿。最上階に広い内湯と海を見渡す露天がある。海側に大きな窓をとった食事処では、伊豆の海の幸を味わえる。しゃれたロビーやデッキなどホテル並みのくつろぎが得られる。

DATA
- ■泉質／カルシウム・ナトリウム-硫酸塩温泉
- ■効能／神経痛、筋肉痛、関節痛など
- ■泉温／62.2度
- ■風呂／露天2（男女各1）、展望内湯2（男女各1）、貸切風呂1（有料）
- ■日帰り／可
- ■利用料金／大人1000円、子供（小学生以上）500円
- ■利用時間／14時～17時（最終受付16時）
- ■定休日／なし
- ■宿泊／9475円～
- ■IN・OUT／15時・10時
- ■主な施設／レストラン、宴会場、会議室、売店など
- ■客室数／42

access
- ●電車／伊豆箱根鉄道修善寺駅からバスで約105分
- ●車／東名沼津ICから国道136号経由で約120分

松崎町　松崎温泉 ＊ 豊崎ホテル

☎0558・42・0070
賀茂郡松崎町松崎488-2
http://www.toyosaki-hotel.jp/

とれたての地魚とかけ流し露天

露天風呂、内湯の展望風呂は終日入浴可能ですべて源泉かけ流し。夕食は食事処でその日一番おいしい地魚を、炭火焼や刺身など自分好みの料理で味わえるのが好評を得ている。併設の私設博物館「魚剥製ギャラリー」は松崎の魚200点を展示。

DATA
- ■泉質／カルシウム・ナトリウム−硫酸塩温泉　■効能／冷え症、動脈硬化症、五十肩、運動麻痺、神経痛、関節痛、慢性消化器病など　■泉温／62度
- ■風呂／露天2（男女各1）、内湯2（男女各1）
- ■日帰り／不可　■宿泊／6955円〜（1泊朝食付きが基本）
- ■IN・OUT／15時・10時
- ■主な施設／別館食事処、売店、魚剥製ギャラリーなど
- ■客室数／15

access ●電車／伊豆箱根鉄道修善寺駅からバスで約100分 ●車／東名沼津ICから国道136号経由で約120分

松崎町　松崎温泉 ＊ 御宿しんしま

☎0558・42・0236
賀茂郡松崎町宮内284
http://plaza.across.or.jp/~shinshima/

源泉100％かけ流しの肌にしみいるやわらかな湯

那賀川沿いに佇む和風の宿。名工・入江長八の技が息づく空間が、旅人を温かく迎えてくれる。源泉100％かけ流しの風呂は、「雅の湯」「桜の湯」の2つの貸切露天で。地魚のお造りも出る和洋折衷料理も楽しみだ。

DATA
- ■泉質／カルシウム・ナトリウム−硫酸塩温泉　■効能／神経痛、冷え症、慢性皮膚病など　■泉温／62.2度
- ■風呂／露天2（貸切風呂）、内湯3（男女各1・貸切風呂1）　■日帰り／可
- ■利用料金／大人1000円、子供（小学生以上）300円　■利用時間／14時〜20時　■定休日／不定休　■宿泊／12000円〜　■IN・OUT／15時・10時
- ■主な施設／食事処、ラウンジ、宴会場、長八の蔵、売店など
- ■客室数／14

access ●電車／伊豆急行蓮台寺駅からバスで約45分 ●車／東名沼津ICから国道136号経由で約120分

松崎町　大沢温泉 ＊ 露天風呂 山の家

☎0558・43・0217
賀茂郡松崎町大沢川之本445-4
http://www.onsen-navi.net/yamanoie/

300年前から湧く源泉「化粧の湯」

山小屋のような建物の奥に、岩壁と木々に囲まれた素朴な風情の露天風呂がある。300年も前から湧出する湯は、無色透明で天然の岩盤を利用した野性味あふれる秘湯。昔から「化粧の湯」と呼ばれ、肌がスベスベになると評判だ。

DATA
- ■泉質／カルシウム・ナトリウム−硫酸塩温泉　■効能／高血圧、神経痛、胃腸病、皮膚病など　■泉温／47.3度
- ■風呂／露天2（男女各1）
- ■日帰り／可（日帰りのみ）
- ■利用料金／大人500円、子供（6歳以上）250円
- ■利用時間／8時〜20時（土・日・祝日は7時から）
- ■定休日／不定休
- ■主な施設／休憩室、売店、無料駐車場

access ●電車／伊豆急行伊豆急下田駅からバスで約45分「大沢温泉口」下車、徒歩約15分 ●車／東名沼津ICから国道136号経由で約90分

伊豆の国市　古奈温泉 * 楽山やすだ

☎055・948・1313　伊豆の国市古奈28　http://www.rakuzan.net

天空を仰ぐ屋上の貸切露天風呂

湯船の周りまで畳が敷かれた「貸切天空楽山風呂」は、趣の違う4種の風呂から美しい山並みや星空が楽しめる。予約専用の「天神様の秘湯」は、季節の花木が眺められ、特に春は桜を愛でながら楽しむ湯浴みが最高。

DATA
- ■泉質／アルカリ性単純温泉
- ■効能／神経痛、筋肉痛、関節痛など
- ■泉温／62度
- ■風呂／貸切露天5、内湯2(男女各1)
- ■日帰り／可(食事付きプランのみ・要予約)
- ■利用料金／5000円～ ■利用時間／15時～21時 ■定休日／不定休
- ■宿泊／13800円～ ■IN・OUT／15時・11時
- ■主な施設／岩盤浴、食事処、売店など
- ■客室数／34(展望風呂付き13)

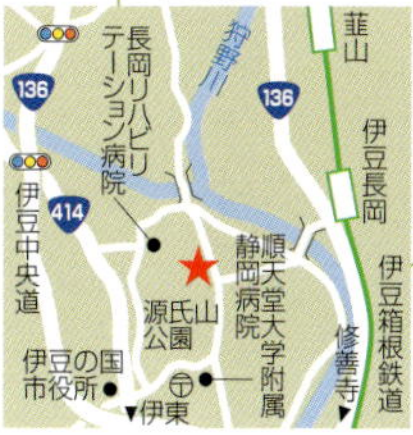

access ●電車／伊豆箱根鉄道伊豆長岡駅からバスで約8分 ●車／東名沼津ICから国道136号経由で約30分

伊豆の国市　伊豆長岡温泉 * 華の湯

☎055・947・2030　伊豆の国市長岡1304-1　http://www.hananoyu.net

薬草風呂と新設のサウナで美肌を磨く

2004年に改装。露天風呂や人気の薬草風呂など、10の風呂が楽しめるほか、2006年4月には笹の葉の成分を利用した笹ムロサウナやゲルマニウム岩盤浴なども新設した。手料理の充実したバイキングの朝食も好評。

DATA
- ■泉質／アルカリ性単純温泉 ■効能／神経痛、リウマチなど ■泉温／62度 ■風呂／露天4(男女各2)(うち薬草風呂が男女各1)、貸切風呂2、笹ムロサウナ2(男女各1)、岩盤浴2(男女各1) ■日帰り／可 ■利用料金／大人800円、子供(4歳以上)400円 ■利用時間／10時～22時(最終受付21時30分) ■定休日／なし ■宿泊／7500円～ ■IN・OUT／14時・10時(休憩室は翌日15時まで可) ■主な施設／食事処、休憩室ほか ■客室数／19

access ●電車／伊豆箱根鉄道伊豆長岡駅からバスで約10分 ●車／東名沼津ICから国道136号経由で約40分

伊豆の国市　伊豆長岡温泉 * 湯屋光林

☎055・948・5550　伊豆の国市長岡329-1　http://furoya.com

江戸の情緒に包まれて温泉と岩盤浴を

白壁、行灯が江戸時代の湯屋の雰囲気を醸し出す。「桧樽風呂」は直径約2mもあり、いい香りに包まれて湯浴みを楽しめる。風情あふれる岩造りの「大野天風呂」、豪快な「滝風呂」のほか岩盤浴も楽しめる。

DATA
- ■泉質／アルカリ性単純温泉 ■効能／神経痛、筋肉痛、打ち身、冷え症など ■泉温／62.1度 ■風呂／露天6(男女各3)、内湯2(男女各1)、貸切露天2(男女各1) ■日帰り／可 ■利用料金／大人700円(土日祝900円)、子供(3歳～小学生)400円(土日祝500円) ■利用時間／10時～21時30分(最終受付20時30分) ■定休日／なし ■宿泊／10000円～ ■IN・OUT／15時30分・10時
- ■主な施設／岩盤浴、遠赤外線サウナ、休憩室、整体マッサージなど
- ■客室数／25

access ●電車／伊豆箱根鉄道伊豆長岡駅からバスで約12分 ●車／東名沼津ICから国道414号経由で約30分

伊豆の国市　伊豆長岡温泉 * ホテルサンバレー伊豆長岡

☎ 055・948・3800
伊豆の国市長岡659
http://3800.jp/

壺湯に寝湯に総ひのき風呂

総ひのきの「満天の湯 夢殿 一の湯」をはじめ、15種類以上の風呂がそろい、貸切風呂は、本館と別館と合わせて8棟ある。人気のバイキングが楽しめる「日帰り夕食バイキング」や「昼食日帰り宴会」など、セットプランも要チェックだ。

DATA
■泉質／アルカリ性単純温泉 ■効能／胃腸病、神経痛、リウマチ、筋肉痛、関節炎など ■泉温／62.1度 ■風呂／露天2(男女各1)、内湯13(ジェット湯、泡湯、寝湯、壺湯など)、貸切風呂8 ■日帰り／可 ■利用料金／大人1100円、子供(4歳以上)735円 ■利用時間／11時～22時(最終受付21時) ■定休日／なし ■宿泊／13650円～ ■IN・OUT／15時・10時 ■主な施設／スカイホール、売店、食事処、休憩室など ■客室数／92(露天風呂付き5)

access ●電車／伊豆箱根鉄道伊豆長岡駅からタクシーで10分 ●車／東名沼津ICから国道414号経由で約50分

伊豆の国市　駒の湯温泉 * 駒の湯源泉荘

☎ 055・949・0309
伊豆の国市奈古谷1882-1
http://www.komanoyu.jp/

「かかりつけ湯」選定の宿で湯で楽になる湯楽体験を

温泉で健康になるプログラムを実践する県選定の「かかりつけ湯」の宿。入浴法を学ぶ講習や健康体操、薬草料理などを実践する。清流脇の混浴風呂、薬草の湯、手湯のほか女性専用のひょうたん型檜露天風呂など風呂も豊富。

DATA
■泉質／アルカリ性単純温泉 ■効能／高血圧、疲労回復、スポーツ障害、美肌など ■泉温／40度 ■風呂／露天3(男1、女1、混浴1)、内湯2(男女各1)打たせ湯3、日替わり薬草風呂3、手の湯1、足の湯1 ■日帰り／可 ■利用料金／大人300円～、子供(0歳～小学生)200円～(各種コースあり) ■利用時間／9時30分～19時 ■定休日／年末年始 ■宿泊／7650円～ ■IN・OUT／12時30分・10時 ■主な施設／休憩室、売店など ■客室数／24

access ●電車／JR函南駅からタクシーで15分(送迎バスあり・要予約) ●車／東名沼津ICから国道1号線、熱函道路経由で約40分

伊豆市　中伊豆温泉 * 中伊豆天然温泉 ホテルワイナリーヒル

☎ 0558・83・2310
伊豆市下白岩1434
http://www.winery-hill.co.jp/

ワイナリー併設ホテルでリラックス

巨峰発祥の地・中伊豆の自家醸造ワインや世界の300種類のワインが楽しめる「伊豆ワイナリー シャトーT.S」に併設のリゾートホテル。露天の水着ゾーンにはジャグジーや寝湯、富士山を望む露天、噴水のような霧湯がある。内湯も広々として寛げる。

DATA
■泉質／硫酸塩温泉 ■効能／美肌、神経痛、冷え症、疲労回復など ■泉温／51.5度 ■風呂／露天2(男女各1)、内湯2(男女各1)、貸切風呂2、寝湯1、打たせ湯1、ジャグジー1、霧湯1 ■日帰り／可 ■利用料金／大人1570円～、子供(4歳以上)750円～ ■利用時間／11時～23時 ■定休日／なし ■宿泊／12750円～ ■IN・OUT／15時・10時 ■主な施設／スタジアム、サッカー場、テニスコート、プール(夏季)、室内練習場など ■客室数／47

access ●電車／伊豆箱根鉄道修善寺駅からタクシーで10分(無料送迎バス) ●車／東名沼津ICから国道136号経由で約60分

伊豆市　湯ヶ島温泉　**天城温泉会館**

☎0558・85・2222　伊豆市湯ヶ島176-2　http://www.city.izu.shizuoka.jp

天城ならではの「わさび田の湯」

わさびの名産地らしい「わさび田の湯」があることで知られる。御影石造りの屋内外の浴槽が階段状に続いていて、わさび田と同様の造り。内湯の「天空瞑想の湯」は天井に星空をイメージしたライトが灯され、瞑想にぴったり。

DATA
- ■泉質／ナトリウム・カルシウム-硫酸塩温泉　■効能／神経痛、五十肩、打ち身、筋肉痛など　■泉温／42度
- ■風呂／内湯2（男女各1）、露天1、貸切風呂1、水着浴5（寝湯、洞窟風呂、気泡湯など）　■日帰り／可（日帰りのみ）
- ■利用料金／大人1000円、子供（3歳～小学生）500円　■利用時間／9時30分～21時　■定休日／火曜（祝日、正月、8月除く）
- ■主な施設／休憩所、売店、食事処、劇場ホールなど

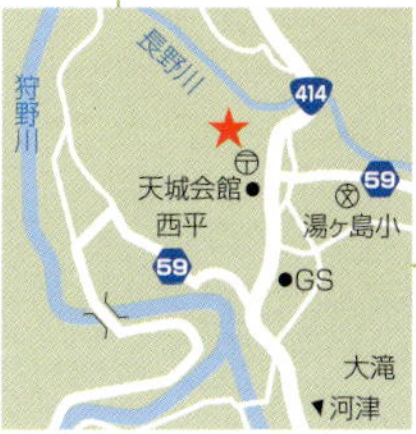

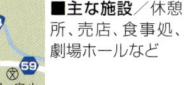

access　●電車／伊豆箱根鉄道修善寺駅からバスで約30分　●車／東名沼津ICから国道136号、414号経由で約60分

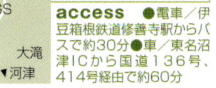

伊豆市　湯ヶ島温泉　**会席料理の湯宿 たつた**

☎0558・85・0511　伊豆市湯ヶ島347　http://www.tatsutaryokan.jp

伊豆で唯一川床を楽しめる源泉かけ流し宿

全6種類の風呂は源泉かけ流し。24時間いつでも湯三昧で寛げる。狩野川の清流で楽しむ名物「伊豆川床」では平日5組限定で「川床渓流料理」（予約）が味わえる。夏は川風を感じながら、春と秋にはコタツと綿入り半纏が用意され川床が楽しめる。

DATA
- ■泉質／カルシウム・ナトリウム-硫酸塩温泉
- ■効能／神経痛、筋肉痛、関節炎、五十肩、運動麻痺、関節のこわばりなど
- ■泉温／40～45度
- ■風呂／露天2（男女各1）、内湯2（男女各1）、貸切風呂2
- ■日帰り／不可　■宿泊／12750円～　■IN・OUT／15時・10時　■主な施設／川床（3月下旬～11月中旬）、喫茶コーナー、売店など　■客室数／27

access　●電車／伊豆箱根鉄道修善寺駅からバスで約60分　●車／東名沼津ICから国道136号、414号経由で約30分

伊豆市　湯ヶ島温泉　**落合楼村上**

☎0558・85・0014　伊豆市湯ヶ島1887-1　http://www.ochiairou.com

大露天風呂を独占できる品格漂う湯宿

趣のある建物は昭和8年から5年にわたって建築され、国の登録有形文化財に指定されている。4本の源泉から引く湯はかけ流し。洞窟風呂のほか、貸切の大露天風呂（要予約）では、静かな時の流れを堪能したい。

DATA
- ■泉質／カルシウム・ナトリウム-硫酸塩温泉　■効能／神経痛、筋肉痛、疲労回復、動脈硬化症、慢性皮膚炎、慢性消化器病、五十肩など
- ■泉温／55度
- ■風呂／大浴場2（男女各1・入替制）、貸切大露天風呂1（宿泊客無料・要予約）
- ■日帰り／不可
- ■宿泊／26400円～
- ■IN・OUT／15時・10時
- ■主な施設／ラウンジ、売店、カラオケルームほか
- ■客室数／15

access　●電車／伊豆箱根鉄道修善寺駅からタクシーで約15分　●車／東名沼津ICから国道136号、414号経由で約60分

伊豆市 青羽根温泉 ＊ 湯の国会館

☎0558・87・1192
伊豆市青羽根188
http://www.city.izu.shizuoka.jp

14種類の生薬が入った珍しい薬草露天風呂も

穏やかな狩野川の流れを眺められる露天風呂は蛇行した川の流れがこちらに迫ってくるような臨場感。露天風呂のうち一つには、ショウブなど14種の薬草がブレンドされている。温泉スタンドでは湯の持ち帰りが可能。

DATA
- ■泉質／ナトリウム硫酸塩温泉とアルカリ性単純温泉
- ■効能／神経痛、筋肉痛、関節痛、五十肩、冷え症など
- ■泉温／ナトリウム硫酸塩温泉51.1度、アルカリ性単純温泉25.3度
- ■風呂／露天2(男女各1)、薬草露天風呂2(男女各1)、内湯4(男女各2)
- ■日帰り／可(日帰りのみ)
- ■利用料金／大人800円、子供(3歳以上)400円(ともに2時間)
- ■利用時間／10時～21時
- ■定休日／水曜(祝日の場合翌日)
- ■主な施設／休憩室、レストランなど

access ●電車／伊豆箱根鉄道修善寺駅からバスで約20分、車で約15分 ●車／東名沼津ICから国道414号経由で約60分

伊豆市 修善寺温泉 ＊ 湯の郷村

☎0558・72・5526
伊豆市修善寺1135-6

浸かって飲んで、温泉効果を体の内外から

大浴場は全身の血行を良くする超音波・バイブラ風呂で、体の疲れがよく取れる。飲用の「湧玉の湯」は飲み続けて胃腸の調子が良くなったという声も聞かれるそう。露天は屋根付きで、四季折々の庭の眺めが楽しめる。

DATA
- ■泉質／アルカリ性単純温泉
- ■効能／肩こり、神経痛など
- ■泉温／59度
- ■風呂／露天2(男女各1)、内湯2(超音波・バイブラ風呂・男女各1)
- ■日帰り／可
- ■利用料金／◇1時間：大人700円、子供(3歳以上～小学生)350円◇1日：大人950円、子供450円
- ■利用時間／10時～21時(休日と休前日は9時から)
- ■定休日／なし
- ■主な施設／食事処、休憩室、売店

access ●電車／伊豆箱根鉄道修善寺駅からバスで約10分、徒歩8分 ●車／東名沼津ICから国道136号経由で約60分

沼津市 ＊ 沼津・湯河原温泉 万葉の湯

☎055・927・4126
沼津市岡宮1208-1
http://www.manyo.co.jp/numazu/

沼津インターからすぐの湯河原温泉

東名沼津インターのぐるめ街道沿いという伊豆の玄関口にあり、長距離ドライブの疲れを取るのに好立地。湯は毎日、湯河原の地下800mの源泉から汲み上げて運んでいるため本格的な温泉が楽しめる。

DATA
- ■泉質／ナトリウム・カルシウム-塩化物・硫酸塩泉
- ■効能／神経痛、筋肉痛、関節痛など
- ■泉温／69.2度
- ■風呂／露天・内湯・寝湯・ひのき風呂・泡風呂・ハーブドライサウナ・ハーブミストサウナなど
- ■営業時間／10時～翌9時
- ■日帰り／可
- ■利用料金／大人1600円(土・日・祝日2100円)、子供750円(土・日・祝日1000円)※深夜3時以降加算あり
- ■利用時間／10時～翌9時
- ■定休日／なし
- ■主な施設／食事処、無料休憩室、仮眠室など

access ●電車／JR沼津駅から無料シャトルバスで約15分 ●車／東名沼津ICから約5分

御殿場市　御殿場高原温泉 ＊ 天然温泉 気楽坊

☎ 0550・87・5126　御殿場市神山719　http://www.tokinosumika.com

温泉も休憩所も充実
ゆったり浸かってゆっくり休む

トルマリン風呂や塩の湯など、多彩な風呂が楽しめる。サウナは麦飯石と備長炭の2つ。無料マッサージチェアや仮眠室など、休憩所も充実。1日券のほか、60分の立ち寄り入浴や、深夜2時以降の滞在も可（別料金）。

DATA
■泉質／アルカリ性単純温泉■効能／疲労回復、健康増進、神経痛など■泉温／48.5度■風呂／露天5（男3女2）、大浴場3（男2女1）、寝湯1（女性のみ）など■日帰り／可■利用料金／◇1日券：大人1500円（土・日・祝日2000円）、子供（小学生以下）700円（土・日・祝日1000円）◇60分券：大人800円（土・日・祝日1000円）、子供400円（土・日・祝日500円）■利用時間／10時30分〜深夜2時■定休日／なし■主な施設／休憩室、食事処、宴会場など

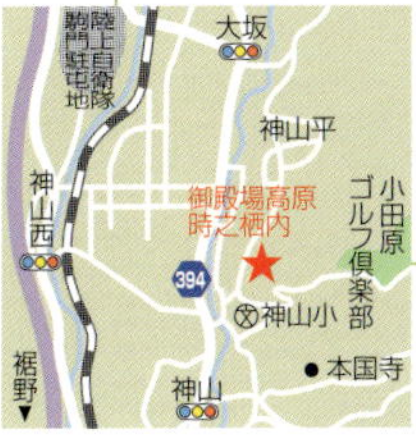

access ●電車／JR御殿場駅から無料シャトルバスで約25分 ●車／東名裾野ICから約5分、御殿場ICから約15分

御殿場市　御胎内温泉 ＊ ごてんば高原 御胎内温泉健康センター

☎ 0550・88・4126　御殿場市印野1380-25　http://www.otainai-onsen.gr.jp/

真正面に富士山を独り占め

雄大な富士山麓に位置する温泉。露天風呂につかりながら正面に富士山を眺望できるぜいたくは、他では味わえない醍醐味。溶岩に囲まれた温泉もここならでは。日帰り施設ながら、休憩室も充実している。

DATA
■泉質／アルカリ性単純温泉■効能／神経痛、慢性消化器病、冷え症、疲労回復など■泉温／35.8度■風呂／露天4（男女各2）、内湯12（ジャグジー、打たせ湯など）■日帰り／可（日帰りのみ）■利用料金／大人700円〜1300円（時間帯による）、子供（3歳〜小学生）400円〜700円（時間帯による）※土日祝は割増■利用時間／10時〜21時（正月は18時まで）■定休日／火曜（祝日の場合翌日）、12月30〜31日■主な施設／休憩室、レストラン、売店

access ●電車／JR御殿場駅から印野本村行きバスで約20分 ●車／東名御殿場ICから約20分、裾野ICから約25分

裾野市　＊ 富士遊湯の郷 大野路

☎ 055・998・1616　裾野市須山2934-3　http://homepage2.nifty.com/oonoji/

巨木をくりぬいた
富士が見える露天が話題

露天風呂や和食処、釣堀などいろいろな施設がそろう。ハシゴを登って巨木をくりぬいた穴に浸かる「巨木天辺風呂」は樹齢400年のシイの巨木をくりぬき、湯船にしたという変わり湯。話の種に一度試してみては。

DATA
■泉質／活性石温泉（人工温泉）■効能／疲労回復、あせも、荒れ性、神経痛など■風呂／露天6（男3女3）■日帰り／可■利用料金／大人800円、子供（2歳〜小学生）500円■利用時間／10時10分〜20時■定休日／火曜（8月無休）■宿泊／10000円〜■IN・OUT／15時・10時■主な施設／キャンプ場、パターゴルフ場、子供チャレンジ広場、レストラン■客室数／12

access ●電車／JR御殿場駅からバスで約30分 ●車／東名裾野ICから約10分、東名御殿場ICから約25分

富士宮市　＊バナジウム温泉　風の湯

☎0544・54・2331
富士宮市上井出3470-1
http://www.nittaku-kazenoyu.com/

バナジウム水とソフトクリームが自慢

地下150mから汲み上げた水を使った自慢のバナジウム水の温泉。富士山麓に広がる朝霧高原に位置し、広々とした自然を感じながら入る露天風呂で体も心もリフレッシュできる。入浴後には、高原の牧場から運んだ搾りたてミルクたっぷりのソフトクリームが味わえる。

DATA
- ■泉質／バナジウム温泉 ■効能／糖尿病、疲労回復、神経痛、リウマチ、腰痛など
- ■風呂／露天2（男女各1）、内湯2（男女各1）、サウナ2（男女各1）
- ■日帰り／可（日帰りのみ） ■利用料金／大人800円（10時～22時）、500円（17～22時）、子供（2歳～小学生）500円（10～22時）、300円（17～22時）
- ■利用時間／10時～22時 ■定休日／火曜（祝日・GW・正月は営業）
- ■主な施設／食事処、売店、休憩室、カラオケ室ほか

access ●車／東名富士ICから西富士道路、国道139号経由で約30分

芝川町　新稲子川温泉　＊ユー・トリオ

☎0544・66・0175
富士郡芝川町上稲子1219
http://www.wbs.ne.jp/bt/shibakawa/

鄙びた風情と川のせせらぎに癒される

山あいの里に建つ公営日帰り温泉施設。鄙びた風情と稲子川のせせらぎが心地よく、心身を癒してくれる。売店の地場産品も豊富。6月には「梅の湯」、10月には「よもぎ湯」などが楽しめる。水着着用の温泉プールも人気。

DATA
- ■泉質／カルシウム・ナトリウム-塩化物温泉 ■効能／神経痛、筋肉痛、関節痛など ■泉温／28.4度 ■風呂／露天2（男女各1）、内湯4（男女各2）、寝湯1、ジャグジー1、温泉プール1 ■日帰り／可（日帰りのみ）
- ■利用料金／大人1時間半500円、3時間1000円、1日1500円。子供（3歳～小学生）1時間半250円、3時間500円、1日750円
- ■利用時間／10時～20時 ■定休日／木曜（祝日の場合前日）、年末年始ほか ■主な施設／食事処、休憩所、地場産品直売所、テニスコート、バーベキュー場など

access ●電車／JR新幹線新富士駅から車で約25分。JR富士駅から身延線で約35分 ●車／東名富士IC、清水ICから約30分

芝川町　飛図温泉　＊飛図温泉

☎0544・67・0224
富士郡芝川町上稲子字飛図2453-1
http://www.asahi-net.or.jp/GQ6M-TKUC/

星を見上げ、静けさに浸る山里の隠れ湯

川のせせらぎに癒される露天風呂は、昼は山の緑と澄んだ空気、夜は満天の星空が楽しめる。午前9時から利用できるので、天子の七滝巡りと組み合わせるのもおすすめだ。併設の施設として、バイオセラピスト療術手技センターもある。

DATA
- ■泉質／アルカリ性-低張性冷鉱泉 ■効能／神経痛、関節痛、五十肩、冷え症など ■泉温／16.8度
- ■風呂／露天風呂2（男女各1）、内湯2（男女各1） ■日帰り／可 ■利用料金／大人600円（休憩1600円）、子供（4歳以上）400円（休憩1000円） ■利用時間／9時～20時（休憩9時～16時） ■定休日／なし ■宿泊／8500円～ ■IN・OUT／9時・11時 ■主な施設／宴会場、卓球台、カラオケ、売店、バーベキュー場など ■客室数／27

access ●電車／JR稲子駅から送迎バスで約7分（要予約） ●車／東名富士ICから県道396号経由で約40分

芝川町　瓜島温泉　＊翠紅苑

☎0544・65・0366　富士郡芝川町内房385　http://www.suikouen.co.jp/

山里で旬の地の物をたらふく味わう

ロビーにある巨大な古木は樹齢300年のもみじ。店主が趣味で集めたさまざまな銘木が飾られている。食事は、天城の猪料理、由比の桜エビ料理、自家栽培の野菜など郷土料理が楽しめる。山里の風情を満喫できる露天風呂、かやの木風呂もある。

DATA
- ■泉質／アルカリ性−低張性冷鉱泉
- ■効能／腰痛、リウマチ、神経痛など
- ■泉温／15.5度
- ■風呂／露天風呂2（男女各1）、内湯（かやの木風呂）2（男女各1）■日帰り／可■利用料金／大人1260円、子供（6歳以上）1100円■利用時間／10時〜15時■定休日／不定休
- ■宿泊／18900円〜
- ■IN・OUT／15時・10時
- ■主な施設／ロビー、売店など
- ■客室数／6

access ●電車／JR芝川駅からタクシーで約10分●車／静清バイパス清水ICから約25分

静岡市　清水西里温泉　＊やませみの湯

☎054・343・1126　静岡市清水区西里1449　http://www.city.shizuoka.jp/deps/norin/soumu/yasuragi/

深緑に包まれて、のんびり森林入浴

「森林公園やすらぎの森」の中にある公営の日帰り温泉施設。清流として名高い興津川の上流に位置する露天風呂は、ぬる湯（源泉）、薬草湯、炭湯の3種類。周辺にある展望台やボードウォーキングも楽しみたい。

DATA
- ■泉質／含銅・鉄（Ⅱ）−ナトリウム、カルシウム塩化物温泉■効能／神経痛、慢性婦人病、筋肉痛、関節痛など■泉温／29.7度■風呂／内湯（ジャグジー）2（男女各1）、露天6（男女各3）■日帰り／可（日帰りのみ）■利用料金／◇2時間：大人500円、子供（3歳〜小学生）300円※1日券は大人800円、子供400円■利用時間／◇4〜10月：9時30分〜20時30分◇11〜3月：9時30分〜19時30分■定休日／月曜（祝日の場合翌日）、年末年始■主な施設／食堂、地元産品販売コーナーなど

access ●電車／JR興津駅から約40分●車／東名清水ICから約30分

静岡市　＊三保シーサイドホテル　福田家

☎054・334・0124　静岡市清水区三保2728-4　http://www.fukudaya.jp

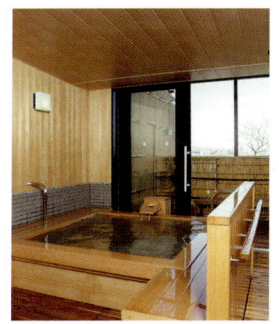

バリアフリー対応で人にやさしい宿

年配の人や体の不自由な人も安心して過ごせるバリアフリー対応の宿。車椅子でスロープを利用して檜風呂が楽しめる。駿河湾の新鮮料理やオーナーの手打ちそば（要別注文）を食べれば心も身体もホッと温まる。

DATA
- ■泉質／アルカリ性単純温泉（伊豆市の原保温泉を搬送）■効能／神経痛、疲労回復など■風呂／露天2（男女各1）、内湯4（男女各2）■日帰り／可■利用料金／入浴のみ：大人1050円、小学生735円、幼児525円※食事＋入浴の場合は入浴料が半額（食事代別）■利用時間／◇入浴のみ：15時〜22時◇食事＋入浴：（要予約）11時〜15時■定休日／月曜（祝日の場合翌日）■宿泊／9950円〜■IN・OUT／15時・10時■主な施設／食事処など■客室数／37

access ●電車／JR清水駅からバスで約40分●車／東名静岡ICから国道150号経由で約30分

静岡市 梅ケ島温泉 * 梅ケ島金山温泉

☎054・269・2110
静岡市葵区梅ケ島5008-1
http://www5.ocn.ne.jp/~kinzan/

スポーツに温泉。アウトドア三昧

広大な敷地内にテニスコート、ゴルフ練習場、温泉プールなどがそろったアクティブ派向きの温泉。バーベキューハウス付きの1戸建てログハウスの温泉棟に泊まれば、自然に囲まれた自由な空間を楽しめ、肌もすべすべになる。

DATA
- ■泉質／ナトリウム-炭酸水素塩温泉
- ■効能／神経痛、筋肉痛、やけど、慢性皮膚病など
- ■泉温／33.7度
- ■風呂／露天2（男女各1）、内湯2（男女各1）
- ■日帰り／可
- ■利用料金／大人1000円、子供（2歳以上）500円
- ■利用時間／10時～17時
- ■定休日／不定休（要問合せ）
- ■宿泊／5500円～（自炊）
- ■IN・OUT／15時・12時
- ■主な施設／ログハウス（標準棟、特別棟、田舎家貸切棟）、テニスコート、スポーツ広場、バーベキューハウスなど
- ■客室数／7棟

access
- ●電車／JR静岡駅から梅ケ島温泉行きバスで約110分
- ●車／静岡市中心部から約60分

静岡市 梅ケ島温泉 * 梅ケ島新田温泉 黄金の湯

☎054・269・2615
静岡市葵区梅ケ島5342-3

春夏秋冬、自然とふれあう湯治の湯

しっとりした湯が肌をきれいにすると、古くから湯治場として知られる公営の湯。森に囲まれた広大な敷地内に立つ和風造りの露天風呂に浸かれば、鄙びた味わいに風情を感じる。体にいい足ツボふみ石も試すことができる。

DATA
- ■泉質／ナトリウム-炭酸水素塩温泉
- ■効能／神経痛、筋肉痛、きりきず、やけどなど
- ■泉温／31.3度
- ■風呂／露天2（男女各1）、内湯2（男女各1）、ぬる湯2（男女各1）、打たせ湯4（男女各2）
- ■日帰り／可（日帰りのみ）
- ■利用料金／◇1日券／大人800円、子供（3歳以上）400円◇3時間券／大人500円、子供200円
- ■利用時間／9時30分～18時（12～3月は17時まで）
- ■定休日／月曜（祝日の場合翌日）
- ■主な施設／休憩室、食堂、売店

access
- ●電車／JR静岡駅から梅ケ島温泉行きバスで約110分
- ●車／東名静岡ICから県道29号経由で約90分

静岡市 口坂本温泉 * 静岡市口坂本温泉浴場

☎054・297・2155
静岡市葵区口坂本652

市民に愛され続ける山懐の名湯

昭和52年に共同浴場として開設された温泉施設。男女ともに大きな窓越しに露天風呂が見える明るい内湯と、竹垣に囲まれて風情がある露天風呂がある。無色透明でさらりとした肌ざわりの湯は、心も体もやわらかくしてくれる。

DATA
- ■泉質／ナトリウム-炭酸水素塩温泉
- ■効能／神経痛、関節痛、リウマチ、痔疾、皮膚病、冷え症、糖尿病、胃腸病など
- ■泉温／36.3度
- ■風呂／露天2（男女各1）、内湯2（男女各1）
- ■日帰り／可（日帰りのみ）
- ■利用料金／大人280円、子供（3歳以上）100円
- ■利用時間／9時30分～16時30分（最終受付16時）
- ■定休日／水曜（祝日の場合翌日）、年末年始（12月29日～1月2日）
- ■主な施設／休憩室、大広間、別館

access
- ●電車／JR静岡駅から落合行きバスで約80分終点下車、徒歩約40分
- ●車／東名静岡ICから約80分

焼津市 ＊笑福の湯

☎054・620・4126　焼津市柳新屋241-1　http://www.shoufukunoyu.jp

美容と健康にいい
女性が喜ぶサービス充実

雰囲気のいい露天風呂のほか、エステ、アトラクション、水風呂、温泉浴槽の4種類をそろえる充実の内湯が魅力。座湯や壺風呂など遊び心あふれる風呂や岩盤浴で汗をかいた後はリラックスルームやボディケアも試してみて。

DATA
- ■泉質／塩化物泉（人工温泉）
- ■効能／疲労回復、肩こりなど
- ■風呂／露天12（露天足湯・露天寝湯・壺風呂含む。男女各6）、内湯2（男女各1）、サウナ2（男女各1）、ミストサウナ（女1）
- ■日帰り／可（日帰りのみ）
- ■利用料金／平日：大人800円～、子供（4歳～小学生）400円～◇休日：大人900円～、子供500円～
- ■利用時間／9時～24時（最終受付23時）
- ■定休日／なし
- ■主な施設／岩盤浴、食事処、足つぼボディケア、韓国式アカスリ、バリ式エステ、東洋整体など

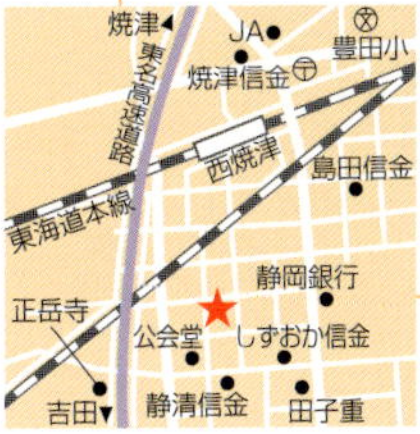

access ●電車／JR西焼津駅から徒歩約5分　●車／東名焼津ICから約15分

島田市 ＊島田 蓬莱の湯

☎0547・34・4126　島田市旭2-1-30　http://www.hourainoyu.jp

温泉・サウナ・岩盤浴でデトックス

石と木を基調とした浴場は静かで落ち着いた雰囲気にまとめられ、心の疲れを癒してくれる。足つぼマッサージやボディケア、韓国式アカスリ、理容室などの付帯サービスも充実し、食事処では健康を気遣ったこだわりの創作料理が味わえる。

DATA
- ■泉質／アルカリ性単純温泉（人工温泉）
- ■効能／疲労回復、肩こり、冷え症、腰痛など
- ■風呂／露天4（男女各2）、内湯2（水風呂、塩サウナ、ドライサウナなど）男女各1
- ■日帰り／可（日帰りのみ）
- ■利用料金／◇平日：大人650円、子供（小学生以下）300円◇土日祝：大人750円、子供350円
- ■利用時間／9時～24時（最終受付23時10分）
- ■定休日／なし（メンテナンス日は休業）
- ■主な施設／食事処、岩盤浴、理美容室、アカスリ、ボディケア、足つぼコーナーなど

access ●電車／JR島田駅から榛原町行きバスで約5分　●車／東名吉田ICから約15分

川根本町　接岨峡温泉 ＊接岨峡温泉 森林露天風呂

☎0547・59・3721　榛原郡川根本町犬間62-1

アプトラインに乗って
峡谷の若返りの湯へ

少人数で訪れるのにぴったりの、こぢんまりとした温泉。女性用露天風呂からは、大井川鉄道のミニ列車が見える。湯上がりには冷たい緑茶のサービスもあり、民宿のような気安さが魅力。内湯は秋田県の北投石入り。

DATA
- ■泉質／ナトリウム-炭酸水素塩冷鉱泉
- ■効能／神経痛、筋肉痛、五十肩、打ち身、慢性消化器病、冷え症など
- ■泉温／22.1度
- ■風呂／露天2（男女各1）、内湯2（男女各1）
- ■日帰り／可　■利用料金／大人500円、子供（3歳～小学生）400円　■利用時間／10時～21時（最終受付20時）
- ■定休日／毎月8・18・28日（土・日・祝日は営業）
- ■宿泊／7350円～　■IN/OUT／16時・10時
- ■客室数／3

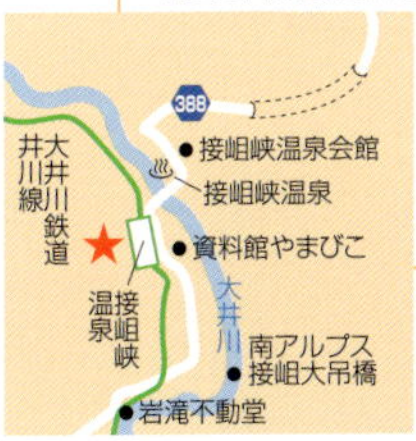

access ●電車／大井川鉄道接岨峡温泉駅下車すぐ目の前　●車／東名牧之原ICから約90分

川根本町 寸又峡温泉 ＊ 露天風呂 美女づくりの湯

☎ 0547・59・3985
榛原郡川根本町千頭368-3
http://www.okuooi.gr.jp

南アルプスが育む100％源泉かけ流し

南アルプスの麓から湧き出す良質な湯が、2本の竹筒で風呂に注ぎ込まれている。硫化水素系の単純硫黄泉は、湯上がりに肌がすべすべした感じになる美肌の湯。新緑や紅葉、夏休みなどの行楽シーズンは多くの観光客でにぎわう。

DATA
- ■泉質／単純硫黄泉
- ■効能／神経痛、筋肉痛、関節痛、五十肩、運動麻痺、関節のこわばり、糖尿病、打ち身、疲労回復など
- ■泉温／43度
- ■風呂／露天2(男女各1) ■日帰り／可(日帰りのみ)
- ■利用料金／一律400円 ■利用時間／7時〜8時、10時30分〜19時(最終受付18時30分)
- ■定休日／木曜 ■主な施設／なし

access ●電車／大井川鉄道千頭駅からタクシーで約30分 ●車／東名静岡ICから約110分

川根本町 寸又峡温泉 ＊ 旅籠甚平

☎ 0547・59・2988　榛原郡川根本町千頭324-2　http://www2.wbs.ne.jp/~h-jinbei/

緑深い山里に佇む古民家の宿
囲炉裏を囲み山菜料理に舌鼓

築100年の古民家を活かした宿の風情は、まさに旅籠。のれんをくぐると、囲炉裏や古電話、民芸品の数々が旅人を優しく出迎える。申し分ない泉質の寸又峡の湯に浸かり、湯上がりの地酒に思いを馳せるひと時は格別。

DATA
- ■泉質／単純硫黄泉 ■効能／神経痛、筋肉痛、関節痛、五十肩、運動麻痺、関節のこわばりなど
- ■泉温／42度
- ■風呂／露天2(男女各1)、内湯2(男女各1) ■日帰り／可
- ■利用料金／一律675円。食事付き入浴4200円〜(要予約)
- ■利用時間／11時30分〜14時
- ■定休日／不定休 ■宿泊／10650円〜 ■IN・OUT／15時・10時
- ■主な施設／食事処、広間(宴会場) ■客室数／10

access ●電車／大井川鉄道千頭駅からバスで約40分、タクシーで約30分 ●車／東名静岡ICまたは牧之原ICから約120分

川根本町 白沢温泉 ＊ 白沢温泉 もりのいずみ

☎ 0547・59・3733
榛原郡川根本町奥泉840-1
http://www3.ocn.ne.jp/~m-kuni/

美しい瀬音に心身休まる出湯の里

大井川の深い渓谷にあり、森林浴も同時に楽しめる。かぶり湯など体への作用を考えた7種の入浴法と、野趣あふれる露天風呂がおすすめ。湯上がりに、できたての山菜そばや釜飯などを食べて、1日のんびり休養したい。コテージに宿泊もできる。

DATA
- ■泉質／ナトリウム-炭酸水素塩冷鉱泉 ■効能／神経痛、筋肉痛など
- ■泉温／21度 ■風呂／露天2(男女各1)、内湯12(男女各6) ※全身浴・寝湯・圧注浴・打たせ湯・冷水浴・サウナ ■日帰り／可 ■利用料金／大人700円、子供(7歳以上)300円 ■利用時間／10時〜19時 ■定休日／水曜(祝日の場合翌日、8月無休) ■宿泊／コテージ1棟18000円〜 ■IN・OUT／15時・10時30分 ■主な施設／休憩室、食事処、売店など ■客室数／8棟

access ●電車／大井川鉄道千頭駅から寸又峡温泉行きバスで約10分、白沢温泉下車、徒歩約10分 ●車／国道1号バイパス向谷ICから県道64号経由で約60分

牧之原市 さがら子生れ温泉 ＊ さがら子生れ温泉会館

☎0548・54・1126　牧之原市西萩間672-1　http://www.koumare.jp/

源泉100％、四季の自然を楽しめる

豊かな自然に囲まれた解放感は格別。牧之原の空気を吸いながら見上げる露天の景観は季節ごとに移り変わり、昼と夜でもまた違った表情が楽しめる。関節痛に効くと評判の源泉のほか、アロエの変わり湯もある。

DATA
- ■泉質／ナトリウム-塩化物温泉
- ■効能／関節痛、神経痛、筋肉痛、やけどなど
- ■泉温／35.2度
- ■風呂／露天風呂2(男女各1)、内湯2(岩風呂1、ひのき風呂1)、変わり湯2(男女各1)、水風呂2(男女各1)、サウナ2(男女各1)
- ■日帰り／可（日帰りのみ）
- ■利用料金／大人500円、子供(3歳～小学6年生)300円（身体障害者・団体・回数割引あり）
- ■利用時間／10時～22時(3時間)
- ■定休日／第2火曜、元旦
- ■主な施設／食堂、休憩室、リラクゼーションルームなど

access ●電車／JR金谷駅からバスで約26分 ●車／東名牧之原ICから約5分

御前崎市 ＊ 旅館 五季の庄

☎0548・63・6677　御前崎市白羽6621-100

喧噪を忘れ、自然との一体感を味わう

どこからか漂う潮の香りと豊かな緑が、疲れた心身を一気に癒してくれる安らぎの宿。四季折々の風情が堪能できる露天風呂に浸かり、自分だけの特別な時間を満喫したい。1人につき1台舟盛りが付くプランが人気を集めている。

DATA
- ■風呂／露天2(男女各1)、内湯2(男女各1)
- ■日帰り／可
- ■利用料金／大人500円、子供(4歳以上)250円
- ■利用時間／8時～11時、16時～20時
- ■定休日／不定休(週1回)
- ■宿泊／10500円～　■IN・OUT／16時・10時
- ■主な施設／土産物店、大広間、麻雀、囲碁、会議室ほか
- ■客室数／15

access ●電車／JR菊川駅から新神子行きバスで約50分 ●車／東名菊川ICから約25分

掛川市 大東温泉 ＊ 大東温泉シートピア

☎0537・72・1126　掛川市国安2808-2　http://www2.odn.ne.jp/seatopia/

一日遊べる地中海風温泉リゾートランド

温泉のほかスポーツも楽しめる天然温泉施設。露天風呂や大浴場、低周波風呂、室内温水プールを備えた「温泉館」や、地元の新鮮な農産物を販売する「物産館」があり、広大な芝生でグラウンドゴルフもできる。

DATA
- ■泉質／ナトリウム-塩化物温泉
- ■効能／神経痛、高血圧、疲労回復など
- ■泉温／33.7度
- ■風呂／露天2(男女各1)、大浴場2(男女各1)、サウナ2(男女各1)、低周波風呂1、気泡浴(バイブラ)2(男女各1)、ハーブ湯など
- ■日帰り／可（日帰りのみ）
- ■利用料金／大人950円、子供(小学生)500円
- ■利用時間／10時～21時(夏期21時30分)
- ■定休日／火曜(祝日の場合翌日)
- ■主な施設／物産館、食事処、グラウンドゴルフ場、温水プールなど

access ●電車／JR掛川駅からバスで掛川市大東支所下車、無料送迎バスで約5分 ●車／東名掛川ICから約30分

掛川市 森の都温泉 ＊ ならここの湯

☎ 0537・20・3030
掛川市居尻179
http://www.narakoko.co.jp/

山あり川あり星空あり。森林浴でリフレッシュ

風そよぐ木々、川のせせらぎ、鳥の声を聞きながらリラックス。森林浴、美肌効果、湯冷めしにくいと女性にうれしい温泉だ。敷地内にキャンプ場やテニスコートもあるのでアウトドアと温泉をセットで楽しんでみては。

DATA
- ■泉質／ナトリウム-塩化物温泉 ■効能／神経痛、五十肩、疲労回復、冷え症、慢性消化器病、慢性婦人病、慢性皮膚病、関節のこわばり、健康増進など ■泉温／41度 ■風呂／露天2(男女各1)、内湯2(男女各1) ■日帰り／可(日帰りのみ) ■利用料金／大人500円、子供(小中学生)300円 ■利用時間／4月～10月は9時～21時、11月～3月は10時～20時 ■定休日／第1・3火曜(祝日は営業) ■主な施設／休憩室、屋外休憩処など

access ●電車／JR掛川駅からバスで約35分、タクシーで約30分 ●車／東名掛川ICから約35分

袋井市 小笠山天然温泉 遠州 和の湯

☎ 0538・23・1500
袋井市諸井2022-3
http://www.yawaraginoyu.co.jp/

化石海水の温泉で天然のタラソテラピー

地下1500mからくみ上げる源泉は、数百万年の時をかけて熟成された化石海水型温泉。源泉風呂で楽しめる加水なしの茶褐色の湯は、保温効果に優れている。源泉ミストサウナや露天の電気風呂など珍しい湯もある。

DATA
- ■泉質／ナトリウム-塩化物温泉 ■効能／冷え症、神経痛、筋肉痛、関節痛、五十肩、慢性婦人病など 26.7度 ■風呂／露天4(男女各2)、内湯2(男女各1)、サウナ2(男女各1)、源泉ミストサウナ1、ひのき風呂1、松風呂ほか ■日帰り／可(日帰りのみ) ■利用料金／大人1000円(17時以降は800円)、子供(3歳～小学生)500円 ■利用時間／10時～24時 ■定休日／なし ■主な施設／大広間、レストラン、売店、マッサージルームなど

access ●電車／JR袋井駅からタクシーで約10分、JR袋井駅から無料送迎バスで約15分 ●車／東名袋井ICから約10分

磐田市 ＊ 癒し湯処 磐田の湯

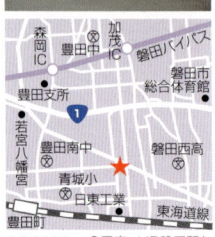

☎ 0538・33・2617
磐田市下万能410-1
http://www.iwatanoyu.voo.jp

血液がサラサラになるという炭酸泉

血流が良くなり健康維持にいいといわれる炭酸泉の風呂が楽しめる温浴施設。露天風呂は広々と開放感のある造りで、日光浴スペースもある。リフレクソロジーやあかすりエステ、よもぎ蒸し、どろパックなどの癒しメニューも充実。

DATA
- ■泉質／炭酸泉ほか ■効能／生活習慣病等の予防、美肌効果など ■泉温／39度 ■風呂／露天・内湯・ジェット風呂・ぬるま湯・足湯・歩行湯・壺湯・ミルク風呂など各2(男女各1) ■日帰り／可(日帰りのみ) ■利用料金／◇平日:大人500円、小学生250円、幼児100円 ◇土日:大人600円、小学生300円、幼児100円 ■利用時間／10時～深夜1時(土日祝が8時から) ■定休日／木曜 ■主な施設／食事処、休憩室、ゲームコーナー、リラクゼーションルームなど

access ●電車／JR磐田駅からタクシーで約15分 ●車／東名磐田ICから約25分

114

浜松市　遠州浜温泉 ＊ **遠州浜天然温泉 八扇乃湯**

☎ 053・426・8000　浜松市南区松島町1960　http://www.hassennoyu.com

マグネシウム含有量が日本トップクラスの美肌湯

天然木の落ち着きのある和風造りの施設。東海一の広さを誇る大巌（おおいわ）露天風呂は圧巻。超音波風呂、ジャグジー、サウナも充実。美容効果や老化防止に効果的とされる天然の湯は、治療温泉の認可を受けている療養泉。

DATA
- ■泉質／ナトリウム・マグネシウム泉
- ■効能／神経痛、冷え症、慢性消化器病など
- ■泉温／16.9度
- ■風呂／露天・内湯・サウナ・ミストサウナ・能舞台露天・ジャグジー・超音波風呂各2（すべて男女各1）
- ■日帰り／可（日帰りのみ）
- ■利用料金／1歳以上一律900円
- ■利用時間／◇平日：10時〜22時（最終受付21時）◇土日祝：23時まで（最終受付22時）
- ■定休日／火曜
- ■主な施設／食事処、休憩室、貸切個室、売店など

access ●電車／JR浜松駅から遠州浜温泉行きバスで約25分。タクシーで約20分　●車／東名浜松ICから約25分

浜松市　舘山寺温泉 ＊ **遠鉄ホテルエンパイア ダイダラボッチの湯**

☎ 053・487・1111　浜松市西区舘山寺町1891　http://empire.entetsu.co.jp/

カナディアンな風呂とランチバイキング

保湿効果抜群の天然療養温泉で、9種類以上の風呂が楽しめる。カナダの自然をイメージした「ダイダラボッチの湯」は緑豊かな露天風呂やログハウス風サウナでリラックスできる。2階のレストランで楽しむ旬の味覚満載の和洋中バイキングも人気。

DATA
- ■泉質／ナトリウム・カルシウム-塩化物温泉■効能／関節痛、神経痛など■泉温／41.6度■風呂／露天・大浴場・寝湯・座湯・桧湯・低温サウナ各2（すべて男女各1）、ハーブ湯1など■日帰り／可■利用料金／大人1200円、子供（小学生）生）600円、幼児（3歳〜未就学児）400円など■利用時間／11時〜16時■定休日／金曜（祝日・夏期・年末年始は営業）■宿泊／17200円〜■IN・OUT／15時・10時■主な施設／ティーラウンジ、売店など■客室数／175

access ●電車／JR浜松駅からバスで約40分（JR浜松駅、JR弁天島駅から送迎バスあり・予約制）　●車／東名浜松西ICから約15分

浜松市　舘山寺温泉 ＊ **かんざんじ 堀江の庄**

☎ 053・487・0005　浜松市西区舘山寺町2061　http://www.tokai-kb.com/horie/

ひのきが香る露天から浜名湖の夕景を堪能

堀江城の跡に立ち、ロビーには堀江城主の掛け軸や郷土作家のギャラリーがある。遠州随一とたたえられる湯は、最上階にあるひのきの香りに包まれた展望露天風呂で満喫できる。歴史が香る白壁の外観が目印。

DATA
- ■泉質／ナトリウム・カルシウム-塩化物冷鉱泉■効能／神経痛、筋肉痛など
- ■泉温／23.8度
- ■風呂／展望露天風呂2（男女各1）、大浴場2（男女各1）■日帰り／可■利用料金／大人1000円、子供（3歳以上）500円■利用時間／12時〜21時（最終受付20時）■定休日／不定休■宿泊／15900円〜■IN・OUT／15時・10時■主な施設／食事処、ラウンジ、売店など■客室数／35

access ●電車／JR浜松駅からバスで約50分（JR浜松駅、JR弁天島駅から送迎バスあり要事前連絡）　●車／東名浜松西ICから約15分

浜松市 舘山寺温泉 ＊ 舘山寺レイクホテル花乃井

☎053・487・0124
浜松市西区舘山寺町399-1
http://www.hananoi.com/

和風情緒と緑あふれる開放的な大浴場

中庭の遊処「六花庭」にある、四季折々の花が美しい。舘山寺随一の大浴場には、深緑に囲まれた露天や五右衛門風呂などがあり、女湯は美容と健康にいい湯が揃う。遅めのチェックアウトやバリアフリー対応などのサービスも充実。

DATA
■泉質／塩化物冷鉱泉 ■効能／神経痛、慢性婦人病、疲労回復など ■泉温／23.8度 ■風呂／露天2(男女各1)、内湯2(男女各1)、貸切風呂1、五右衛門風呂2(男女各1)、打たせ湯・ジャグジー・サウナ各1など ■日帰り／可 ■利用料金／大人1000円、子供(3歳以上)500円 ■利用時間／11時30分～16時 ■定休日／木曜 ■宿泊／13800円～ ■IN・OUT／14時・11時 ■主な施設／宴会場、ラウンジ、ゲームコーナー、プール(夏季のみ)など ■客室数／61

access ●電車／JR浜松駅から舘山寺温泉行きバスで約45分、タクシーで約35分 ●車／東名浜松西ICから約15分

浜松市 舘山寺温泉 ＊ 時わすれ 開華亭

☎053・487・0208
浜松市西区舘山寺町412
http://www.kaikatei.com/

幻想的なレインボー風呂、バリアフリーの客室も

七色の虹を演出する大浴場や、見上げれば満天の星空に癒される寝湯は、一度入れば忘れられない気持ちよさ。ツツジと梅の木に囲まれた露天風呂に浸かった後は、ゆったりと部屋で浜名湖の新鮮な海の幸と景色を満喫したい。

DATA
■泉質／ナトリウム・カルシウム-塩化物冷鉱泉 ■効能／肩こり、腰痛、リウマチなど ■泉温／23.8度 ■風呂／露天・レインボー風呂・ジャグジー・寝湯・檜風呂各2(すべて男女各1) ■日帰り／可 ■利用料金／大人1050円、子供(0歳以上)600円 ■利用時間／11時～17時 ■定休日／火曜(祝日は営業) ■宿泊／13800円～ ■IN・OUT／15時・10時 ■主な施設／大会議室、売店、浜名湖舘山寺美術博物館など ■客室数／60(露天風呂付き2)

access ●電車／JR舘山寺駅から舘山寺温泉行きバスで約45分、タクシーと約30分(無料送迎バスあり・予約制) ●車／東名浜松西ICから約15分

浜松市 舘山寺温泉 ＊ 浜名湖グランドホテルさざなみ館

☎053・487・3373
浜松市西区舘山寺260-1
http://www.sazanamikan.com

料理が自慢、和と洋のリゾートホテル

料理、料金、サービスから選べる多彩なプランが充実。旬の素材を使ったモダンアレンジの会席料理は、見た目も豪華で食欲をそそる。露天から眺められる絶景の浜名湖に心洗われた後は、エステで癒しのリラックスタイムを。

DATA
■泉質／ナトリウム・カルシウム-塩化物冷鉱泉 ■効能／神経痛、筋肉痛、切り傷、やけどなど ■泉温／23.8度 ■風呂／大浴場2(男女各1)、露天風呂2(男女各1) ■日帰り／可 ■利用料金／大人1000円、子供(小学生以下)500円 ■利用時間／12時～17時 ■定休日／なし ■宿泊／11700円～ ■IN・OUT／15時・10時 ■主な施設／バー、レストラン、売店、カラオケ、茶室、エステ設備、マージャン卓、宴会場など ■客室数／39

access ●電車／JR浜松駅から舘山寺温泉行きバスで約40分、タクシーで約30分 ●車／東名浜松西ICから約15分

| 浜松市 | 三ケ日温泉 | **浜名湖レークサイドプラザ**

☎053・524・1311　浜松市北区三ケ日町下尾奈200　http://www.h-lsp.com

自家源泉の大型リゾートホテル

ギリシャの島々をイメージし広々とした造りの館内は、日常を忘れさせてくれる旅に最適。抜群のロケーションと開放的な浴場の自慢は、三ケ日天然温泉の湯上がりの心地よさ。浜名湖の旬が堪能できる料理もおすすめ。

DATA
■泉質／アルカリ性単純温泉 ■効能／神経痛、冷え症 ■泉温／30度 ■風呂／露天2(男女各1)、内湯2(男女各1)、ジャグジー2(男女各1)、サウナ2(男女各1) ■日帰り／可 ■利用料金／一律1500円(小学生以上) ■利用時間／6時～11時、13時～24時 ■定休日／なし ■宿泊／10440円～ ■IN・OUT／15時・10時 ■主な施設／カクテルバー、テニスコート、レストラン、バターゴルフ、プール(夏季)、エステ、チャペルなど ■客室数／275

access ●電車／天竜浜名湖鉄道奥浜名湖駅から徒歩で約5分 ●車／東名三ケ日ICから約10分

| 浜松市 | 三ケ日温泉 | **ホテルリステル浜名湖**

☎053・525・1222
浜松市北区三ケ日町瀬戸2251
http://www.listel-hamanako.jp/

きらめく月、星、太陽を楽しむ「煌天の湯」

浜名湖随一を誇るレイクビューを、全客室から楽しめる湖畔のホテル。肌がなめらかになると評判の自家源泉の湯は、湖の絶景を愛でながらゆったりと堪能しよう。食べ放題のバイキングと休憩、入浴のセットプランも人気がある。

DATA
■泉質／アルカリ性単純泉 ■効能／神経痛、関節痛、冷え症、疲労回復など ■泉温／27度 ■風呂／露天2(男女各1)、サウナ2(男女各1) ■日帰り／可 ■利用料金／大人1500円、子供(6歳以上)750円。食事付きプランは大人4200円、子供1050円(火曜休み・要予約) ■利用時間／13時30分～22時(火曜は15時まで) ■定休日／不定休 ■宿泊／9950円～ ■IN・OUT／15時・10時 ■主な施設／レストラン、売店、湯上がりサロンなど ■客室数／172

access ●電車／JR鷲津駅からタクシーで約20分(無料送迎バスあり・要事前連絡) ●車／東名三ケ日ICから国道301号経由で約8分

MEMO

【ヤ行】

焼津グランドホテル	80
やませみの湯	109
ユー・トリオ	108
湯茶寮マルト	101
YUTORIAN修善寺ホテル	70
湯の国会館	106
湯の郷村	106
湯の花亭	64
湯本館	68
湯屋光林	103
油山苑	24
ゆらく	82

【ラ行】

楽山やすだ	103
露天風呂 山の家	102

寄り道するならココ！ 50音別INDEX

【ア行】

赤水の滝	79
足湯黒根岩	22
アトリエロッキー万華鏡館	44
天つ苑	75
居酒屋赤沢亭	53
伊豆高原アンティークジュエリーミュージアム	51
伊豆の味処　錦	16
伊豆東ワイン	55
一石庵	71
海の朝市	61
大久保グラススキー場	83
オーベルジュはせべ	23
大村商店	28
興津のたいやき屋	73
おしゃれ工房ルーベラ	35
おもいでの家	91
お湯かけ弁財天	55

【カ行】

ガーベラの花摘みツアー	34
加藤菓子舗	85
CAFE KICHI	47
カフェ ダダリ（長谷川現代美術館）	81
河津バガテル公園	11
切麦屋あいだ	49
ケニーズハウスカフェ	49
黄金の湯	65
小戸橋製菓	67

【サ行】

雑賀屋	61
さくらの足湯処	57
沢田公園	63
旬席ふみ	51
旬包丁処あじさい	59
すんぷ演芸場	77
草画房	59

【タ行】

千歳すし	65
茶処竹の里 水ぐち	71
ちょっくら	83
DHCタイ古式マッサージ	53
手造りの店さとう	87
徳川家康ミュージアム	77
魚魚の里	79

【ナ行】

七滝茶屋	10
ぬくもりの森	40
野守の池	85

【ハ行】

パール ぷちリッチ	89
ベルフィユ	91
豊泉の足湯処	57
北川温泉黒根岩風呂	22

【マ行】

マッターホーン	89
真富士の里	29
マルゼン精肉店	67
三松鮨	47
明徳寺	69
三芳屋製菓	69

【ヤ行】

焼津浜食堂	81
山下天丼三保支店	75
やまびこ荘	63
山桃茶屋	17
夢の吊橋	87

【ラ行】

れすとらん海ほおずき	44

【ワ行】

和カフェ 茶楽	73

露天風呂 50音別INDEX

【ア行】

赤沢日帰り温泉館	52
あたご島	94
安倍之湯	78
天城温泉会館	105
天城荘	6
アメリカンハウス エンジェル・キッス	96
伊豆一碧湖ホテル	97
伊豆まつざき荘	101
五季の庄	113
稲取東海ホテル 湯苑	98
磐田の湯	114
海辺のかくれ湯 清流	100
梅ケ島金山温泉	110
遠州 和の湯	114
大野路	107
岡本ホテル	96
奥大井観光ホテル 翠紅苑	86
御胎内温泉健康センター	107
落合楼村上	105
踊り子温泉会館	99
お宿 うち山	48
御宿 しんしま	102

【カ行】

風の湯	108
金谷旅館	60
かんざんじ 堀江の庄	115
舘山寺レイクホテル花乃井	116
菊水館	98
玉翠館	12
気楽坊	107
源泉と離れのお宿 月	42
高原の湯	97
黄金の湯	110
小松ビューホテル	62
駒の湯源泉荘	104

【サ行】

さがら子生れ温泉会館	113
沢田公園露天風呂	100
サンシップ今井浜	99
静岡市口坂本温泉浴場	110
下田セントラルホテル	99
下田ベイクロシオ	100
秀花園 湯の花膳	46
笑福の湯	111
白壁荘	66
新かどや	95
森林乃湯	90
翠紅苑	109
駿河健康ランド	72
すんぷ夢ひろば 天下泰平の湯	76
接岨峡温泉森林露天風呂	111

【タ行】

ダイダラボッチの湯	115
大東温泉シートピア	113
高磯の湯	98
滝本館	93
たつた	105
田貫湖ハーバルガーデン	92
つりばし荘	56
つるや吉祥亭別館	18
時わすれ 開華亭	116
飛図温泉	108
豊崎ホテル	102

【ナ行】

ならここの湯	114
野の花亭こむらさき	58

【ハ行】

旅籠甚平	112
八扇乃湯	115
華の湯	103
花吹雪	50
浜名湖グランドホテル さざなみ館	116
浜名湖レークサイドプラザ	117
美女づくりの湯	112
ふれあいの泉	84
蓬莱の湯	111
星のなぎさ	101
ホテルカターラ福島屋	54
ホテル九重	30
ホテルサンバレー伊豆長岡	104
ホテル暖香園	97
ホテルニューアカオ	95
ホテルハーヴェスト浜名湖	36
ホテルリステル浜名湖	117
ホテルワイナリーヒル	104

【マ行】

真砂館	88
マリンスパあたみ	96
万葉の湯	106
三保園ホテル	74
三保シーサイドホテル	109
もりのいずみ	112

取材	牧野光子（SBSリポーター） 静岡新聞社出版部
撮影	都野井元康 山口敬三 Studio moon
デザイン	komada design office design studio M's

しずおか極楽露天風呂100

2007年4月24日　初版発行

著　者	静岡新聞社
発行者	松井　純
発行所	静岡新聞社 〒422-8033　静岡市駿河区登呂3-1-1 TEL 054-284-1666

印刷・製本　中部印刷

©The Shizuoka Shimbun 2007 Printed in Japan
ISBN4-7838-1874-8　C0036
■定価は表紙に表示してあります。
■落丁・乱丁本はお取り替えいたします。